思想者先行……

太子

刘 斌

Tai Zi ≠ TianZi

≠天子

团结出版社

图书在版编目（CIP）数据

太子≠天子 / 刘斌著. —— 北京 ：团结出版社,2012.12
ISBN 978-7-5126-1410-9

Ⅰ．①太… Ⅱ．①刘… Ⅲ．①皇太子－中国－古代－通俗读物 Ⅳ．①D691-49

中国版本图书馆 CIP 数据核字(2012)第 268504 号

出　　版：团结出版社
　　　　　（北京市东城区东皇城根南街 84 号　邮编：100006）
电　　话：（010）65228880　65244790 （出版社）
　　　　　（010）65238766　85113874　65133603（发行部）
　　　　　（010）65133603（邮购）
网　　址：http://www.tjpress.com
E-mail：65244790@163.com（出版社）
　　　　　fx65133603@163.com（发行部邮购）
经　　销：全国新华书店
印　　装：三河腾飞印务有限公司

开　　本：170X240 毫米　　　1/16
印　　张：18.5
字　　数：218 千字
印　　数：7000
版　　次：2013 年 4 月　第 1 版
印　　次：2013 年 4 月　第 1 次印刷

书　　号：978-7-5126-1410-9/D·196
定　　价：33.00 元

目录

第一幕

秦太子：买来的皇位

【秦孝文王　太子之不完全档案】

朝代：战国

国君：秦孝文王　嬴柱

异人：（前281年－前247年），为秦孝文王与夏姬
　　　　　所生。

其他王子：子傒等二十余人

斗争：奇货可居

继位者：秦庄襄王　嬴异人（秦始皇嬴政的父亲）

第一场　异人的人质生涯

　　嬴异人有两个身份，一个是秦国的贵族，另一个是赵国的人质。

　　嬴异人在赵国当人质的时候，经常做梦，梦到以前，梦到自己在秦国都城咸阳的快活日子，但是他做梦也想不到自己能当秦王。

　　此时，是战国末期。

　　从春秋至今，经过三百多年的战争，原来周王室分封的一百四十多家诸侯只剩下了二十余家。其中以秦国、齐国、赵国、魏国、韩国、楚国和燕国最强，史称"战国七雄"。

　　商鞅变法以后，秦国成为超级大国，又有地理上的优势，黄河在秦国的东面流过，先是自北向南而后向东，形成天然的屏障，同时黄河以南是连绵的山脉，只有函谷关等几处关隘可以通行，即便是六国组成联军进攻秦国，只要秦军守住了函谷关，是足以保家卫国的。

　　那么，秦国的贵族怎么会跑到赵国做了人质呢？

　　春秋时期，周天子的影响力虽然下降到冰点，但是仍保留了名义上的国家元首的地位。

当时，各国诸侯要对周天子负责，表面上还承担守卫边疆、交税、汇报工作和陪同祭祀等义务，诸侯和周天子的关系，类似现在各国和联合国秘书长的关系。强国拿周天子当秘书，弱国拿周天子当官长。

大国之间的战争，往往要拿周天子来当个幌子，这很像是近些年的国际形势，凡联合国安理会投票通过的战争就具有了某种合理性，各国都是普遍认同的。

到了战国时期，原有的礼仪和秩序被破坏殆尽。周天子的认证完全失去意义，由于连年的征战，各国之间都曾有过战争，互不信任。

但战争不可能是无休止的，在中场休息的时候，是要订立暂时和平盟约的。

在这种情况下，如果要订立两国之间的盟约，该以何为信任基础呢？

人定胜天，凡有需要就会有发明创造，空前绝后的质子制度应运而生了。

从此以后，两国之间交换人质蔚然成风，甚至君臣之间、大臣之间也通过交换人质来沟通感情。

比如很出名的故事"触龙说赵太后"就和质子有关。

话说在赵威后执政期间，秦国一举攻占了赵国的三座城池，赵国形势危急，赵威后向齐国求援，齐王出兵的前提就是要一个赵国的公子做人质。

嬴异人是秦昭襄王的孙子，但他的父亲嬴柱只是秦昭襄王的次子，自己的上面还有若干个哥哥，所以他身份尊贵，却地位平平。嬴异人这种无法成为继承人的贵族，就成了质子制度的牺牲品，毫无悬念的被送到赵国当了人质。

在战国时期，战争是国与国之间最常见的交流方式，那时候的中国处处战火纷飞，处处都是"约旦河西岸"、"加沙地带"和"戈兰高地"。

在这种大环境下，嬴异人作为一个贵族，一个正在积极扩张领土的国家的贵族，被送到别国做了人质，可以说天天都在生死之间徘徊。秦国与赵国之间发生的任何摩擦都会影响嬴异人的生存。十年后，嬴异人有了第一个儿子，根据当时的习惯，这个出生在赵国的孩子被起名赵政，这个名字有点儿陌生，这个孩子更为人所知的是他的另一个称呼——秦始皇。赵政很倒霉，比他父亲还要倒霉，他出生的那一年赵国和秦国在打仗。

人质变成了敌人，每个赵国人看到嬴异人和赵政，眼睛都喷出火来。

对这父子两人来说，这处境已经够糟糕了，但是他们万万没想到的是，还有更糟糕的在等着他们。

公元前270年，秦昭襄王准备进攻远在黄河下游的齐国。

范雎力劝秦王，并献上"远交近攻"之策。他说：齐国很强大，离秦国又很远，秦国和齐国之间还隔着韩、魏两国。此次出征，如果军队少了难以取胜；如果多派军队即使打胜了也无法占有齐国土地。不如先主动和齐国结盟，然后攻打临近的韩、魏两国，逐步推进。

从此，"远交近攻"成为秦国的国策。

现在，欧盟结交美国，逐步东扩，压缩俄罗斯的传统势力范围，就是一种不动武的"远交近攻"。

公元前262年，秦昭襄王派白起率领秦军进攻韩国，攻克了野王城，上党郡被秦军隔离，成为韩国在黄河以北的一块飞地，以上党为中心来看，秦国在西，韩国在南，魏国和赵国在北。

韩国的上党郡守冯亭不甘心投降，他提出一个计划，一个惊人的计划："上党和韩国的道路已经断了，秦兵一旦进攻，韩国军队无法支援我们，上党必将失守。我们不如把上党献给赵国，赵国得到了上党，秦国必定不满，要进攻赵国。赵国被攻击以后，一定会联合韩国。这样，韩国和赵国联合，就能够抵挡秦军的攻势了。"

天上掉馅饼了，还是上党那么大的一块馅饼。赵国不费一兵一卒，得到了上党郡的17座城。

但这块馅饼给赵国不仅带来了大片国土，还带来秦军。

不久，王龁率秦军进攻上党，上党军民逃奔赵国。

赵国派廉颇为主将出征，廉颇采用谨慎的战术，他没有前出攻击秦军，而是驻扎在长平一线，接应上党军民。

秦军咬掉上党一大块肉，转过头来就进攻长平，赵军拼命抵抗，虽然损兵折将，但是守住了丹河防线，这是长平之战的开始。

长平之战的发生地位于今天的山西省晋城市高平市长平村附近，这实在不是个理想的战场，非常不平坦，四周都是连绵的丘陵，稍微平缓一点儿的盆地中间又被丹河一分为二。

秦赵两军在这块场地上举行一场摔跤比赛还可以，要是想搞个大型团体操对抗赛，抱歉，要分成两百人一组，然后隔着河一组一组的比，比完了取平均分。

秦赵两军在河的两岸都没有可以依靠的地利优势，导致秦赵的前沿阵地不是两条平行线，而是互相纠缠的两条曲线。

双方为了掩护自己的侧翼，只有不断的增兵，延展防线。

双方的战线都是一字排开，兵力过于分散，既无法突破对方，也不能后退，后退一步，就会被敌人追杀，有全军溃散的危险。

在这种情况下，派更多的兵顶住对方，掩护自己的侧翼，是最保险的战术。

这样一来，秦赵两国可以调动的兵力全都集中到了长平，几十万军队隔丹河对峙，战争陷入僵局。

长平距离秦军和赵军的后方都很远，在那个靠人和牲畜运输的年代，这漫长的道路让军粮的运输非常困难，两个国家不得不动员了所有能动员的人加入后勤队伍。

秦国国土面积和国力都超过赵国数倍，但都城咸阳距离长平较远，有约500公里，按照正常人快步走的速率，每小时能走8公里，一个人白天走路晚上休息，要从咸阳赶到长平，需要走8天时间。赵国毕竟是在国内作战，补给线距离略近些，都城邯郸距离长平约300公里，但需要翻越绵延400余公里、海拔在1200米以上的太行山，算下来，也有七八天的路程。

从当时的后勤供应来看，粮食是最主要的部分，除此以外，还有兵器、弓弩、药品、铠甲、被服，草料和工具等项目。

现在，我们已经无法确知秦国和赵国到底准备了多少后勤补给，但是在中国战争史上有个相似的情况，可以参考一下。

在公元1948年冬天开始的淮海战役中，在距离长平古战场东偏南方向500公里的地方，在东起海州，西至商丘，北起临城，南达淮河的地区内，60万人民解放军参与作战。据负责这次战役工作后勤工作的华野后勤司令部司令员刘瑞龙回忆：在淮海战役期间，总共动员了五百多万民工，大小车辆80万辆（几乎没有汽车，以畜力车为主，含马车、牛车、驴车、骡车等，另外还包括很大一部分人力独轮车），在两个多月内，送往前线的粮食共5.7亿斤，弹药物资共330万吨。

秦赵双方都在苦撑，似乎是要看谁的国力先耗尽，谁就先倒下。

困局中，看哪一方先求变。

秦国先动作，秦昭襄王认为，赵国廉颇是员老将，经验丰富。如果换掉了他，就有可能带来转机。于是派人用反间计，到赵国散布谣言，说"秦军最怕的是赵括将军，廉颇其实已经投降了。"赵孝成王正被拖得无可奈何，他果断换将，派年轻的赵括上阵，想用更富有进攻精神的将领尽快解决问题。

而秦国已经悄悄换了主将，派名将白起为上将军，并严令秦军保守机密。

不同统帅的作战风格是不同的，秦国已变，而赵国还蒙在鼓里，赵国在情报工作上先输一阵。

赵括的战术理论非常纯熟，和久经沙场的父亲赵奢辩论起军事来，头头是道，口若悬河，他对于战场的形势和赵国的国情已有判断，又是初次指挥大兵团作战，气势很盛。

赵括来到长平，一改前任指挥官廉颇的蘑菇战术，他计划先发制人，集中兵力攻击秦军漫长的防线上的一个点，想要突破一点，直插纵深，造成秦军的溃退，一举扭转战场的僵持局面。

不久，赵括整顿军备、调整人马，果断出击、强渡丹河，这凌厉的一击别人未必能扛得住，但是，他的对手不是别人，而是白起，秦国武安君白起。翻遍史书，找不到白起打败仗的记录。

得知赵军进攻，白起令第一道防线的秦军假装败退。随后，赵军猛攻秦军第二道防线——空仓岭。

这时，白起并没有和赵括硬碰硬，而是将计就计，他出奇兵，派二万五千人包抄了赵军的后路，断了赵军的粮道。随后，白起又派五千骑冲击赵军主力，由于赵军是主动出击，攻击部队并没有保留防御纵深，因此白起的战术一击得手，将赵军一分为二。

赵括的计划失败，但是他并没有慌乱，而是督促部下退到丹河河边，保障饮水的问题，然后筑起长墙，固守待援。

秦昭襄王听说长平的赵军已被断了粮道，他料定赵国必定拼死救援。于是，秦昭襄王亲自过黄河，赶赴河内，发布了最后的动员令，征发当地15岁以上男丁全部从军，赏赐民爵一级，赶赴长平，阻击赵国的援军。

9月，赵军断粮46天之后，赵括看援军不到，派出四支人马轮番攻击秦军，但赵军已是强弩之末，无法突破。

赵括当机立断，亲自率领精锐部队冲击，想杀出一条生路。不幸，这名年轻的将领被射死在进攻的路上。主将战死，赵军顿时溃败，被分成两块的四十万军队成为俘虏。

白起下令释放了240名年纪小的俘虏，让他们回赵国都城邯郸报信，其余40万人全部坑杀。

在战国年间，赵国人都是要服兵役的，家家都有士兵，长平之战后，几乎家家都在办丧事。

而嬴异人和赵政一夜之间就从人质变成了敌人，而且是全民公敌，随时可能为国捐躯。

第二场　吕不韦的生意经

长平一败，40万赵军片甲不回，赵国震动，六国震动。

不到一个月，白起兵分三路，吞并上党。

长平之战是秦统一六国的重要一战，这场战役的影响和第二次世界大战中的"法兰西战役"非常相似。

1940年5月10日，德军开始进攻荷兰和比利时，绕过法军驻守的马奇诺防线。6月14日，法国放弃首都巴黎。6月17日，德军"C"集团军群进至马恩—莱茵运河一线，"A"集团军群推进到瑞士边界，将法军第2、第3集团军群50万人合围，几乎全歼。

第二天，法国政府宣布停止抵抗。

欧洲大陆已经没有国家能单独抵抗德军的进攻了。

此时的赵国没有投降，但是已经虚弱到极点，等于被解除了武装，至少十年才能恢复元气，现在完全是任人宰割，不等秦军来攻，就割地求和，主动献上六座城池。秦国经过长平一战，国力疲惫已极，正好顺势收兵。

赵国的诸侯大臣震慑于秦军之威，没有对秦国的人质轻举妄动，嬴异人和赵政才算逃过一劫。

嬴异人还不知道，他已经熬过了一生中最漫长的黑夜，远方已经显示出微微的曙光。

嬴异人一生中最重要的朋友——吕不韦马上就要来到邯郸了。

吕不韦是个大商人，卫国人。

卫国的国土在东边，他和秦国中间还隔着魏国和赵国，有这两座天然的挡箭牌，卫国还没有成为秦国的目标。又因为卫国很弱、非常弱，他成为了赵国、魏国和齐国之间的缓冲地带，在风雨飘摇中得以幸存。

在东周时期，商业得到一些发展。

尤其是金融货币的出现，更有利于商品的流通。

吕不韦来往与各国之间，主要经营奢侈品，或者是利用地区间的价格差，收购土特产，低价买入，高价卖出。

吕不韦这样的大商人，经常奔走在外，善于体察别人的心理；又眼界开阔，对列国形势有所了解。最主要的一点，是战国时代战乱不断，行情也是瞬息万变，往往是开始着手一桩生意时，还是国际形势一切大好，交易还没有完成，已经是战火纷飞打作一团了。

吕不韦作为一个商人，一个大商人，每天都在和风险打交道。对于冒险这种事情，经历一次很慌张；经历两次很过瘾；经历三次就上瘾了。

吕不韦来到赵国邯郸经商，在城里发现了嬴异人，他对此人特别好奇。在吕不韦看来，此人的气质和举止似乎是个贵族；但此人的穿着和车马却非常破旧。

吕不韦一打听，此人是秦国的人质嬴异人。

吕不韦想到了自己和父亲的一次谈话，那次，父亲说到了三件事。

第一件事，"耕田之利几倍，曰十倍。"种地的利润有十倍。

第二件事，"珠玉之赢几倍，曰百倍。"经营奢侈品的利润有百倍；

第三件事，"立主定国之赢几倍，曰无数。"辅助君主的利润无法计算。

眼前就是一桩"立主定国"大生意的机会。

吕不韦知道，两年前，秦昭襄王的太子死了。

现在，嬴异人的父亲安国君嬴柱已经被册封为秦国的太子。

但，嬴异人并不是嬴柱的长子，也不是嫡子。

更糟糕的是，他还在赵国做人质这份高风险、高死亡率无发展空间的工作。

对于秦国的王位争夺战来说，虽然嬴异人也算是一名种子选手，但却是排名倒数第一的种子选手。他要成为秦国的太子，不仅仅需要好运气，更需要的是奇迹。

吕不韦反复权衡利弊，在商人的逻辑里，这反而是件好消息。

吕不韦确定，在这种情况下，单凭嬴异人自己是不可能成为太子的，他需要一个人的帮助。而这个人就是自己，嬴异人"奇货可居"。

吕不韦要做这桩大生意，他的第一步是说服嬴异人，让自己成为嬴异人的代理人。

第二天，正在邯郸经商的卫国商人吕不韦在赵国人质宫会见了秦国人质嬴异人。

吕不韦首先表达了诚挚的问候和良好的祝愿。

他说，卫秦两国不存在利益冲突，彼此怀有真挚的感情，这是两国发展友好合作关系的重要基础。目前，秦国面临恢复经济平衡与发展的任务，卫国也在调整国家战略，双方合作的潜力大、机遇多。希望加强交流，优势互补，不断扩大各领域务实合作，推动两国关系迈上新的台阶。

吕不韦说，秦国对中华文明的进步贡献很大。秦国对外输出的不仅是战争，还有宝贵的发展经验。秦国巴蜀平原作为驰名天下的粮仓，为不少国家提供了发展借鉴，也为卫国推进农业发展提供了重要参考。秦国在应对战争危机方面也较为成功。我们对秦国人民的勤奋和智慧深表钦佩。卫国在保卫国家和延续文化的过程中，在不断总结自身经验教训的同时，也注意借鉴其他国家的经验教训。经过几百年来的努力，卫国取得了不小的发展成就。在这个过程中，卫国人民享受了前所未有的富足生活，卫国的农业取得了举世瞩目的成就，这其中的关键就在于卫国政府找到了一条适合国情的发展道路。卫国将坚定不移地沿着这条道路走下去。

赢异人表示，愿代表秦国人民说我们十万个欢迎您。卫国代表了一批主持正义的国家，这使得此次访问具有重要意义。秦国钦佩卫国的发展成就，珍视同卫国的友谊，秦卫两国都是既具有古老传统又具有现代责任的国家。面对当今挑战，秦方愿与卫国就共同的未来进行对话，开展更加广泛的交流与合作，推动两国关系不断向前发展。

赢异人明白，对方是商人，自己是人质，双方根本对国家政策毫无影响力，上面的交谈毫无意义，只是符合周礼的客套话。

作为一个经验丰富的人质，他善于等待。

他在等，等吕不韦先亮底牌。

寒暄已毕，进入正题。

吕不韦开门见山："我能让你光大门庭。"

赢异人感觉荒唐。他心想，好无聊的一天，遇到了一个不靠谱的卫国人，还是个满口大话，胡说八道的商人。

　　嬴异人嘲讽地笑，同时脱口而出："你还是先把自家的门庭光大一下吧。"

　　吕不韦说："您不知道啊，等您家的门庭光大了，我家的地位自然就跟着上升了。"

　　嬴异人明白了，对方话里有话，他收敛了笑容，请吕不韦近前来坐，详细谈谈。

　　吕不韦说："秦王已经老了。"意思就是说，您的祖父年纪很大了，也许要不久于人世，您的父亲就要成为秦王了。

　　嬴异人不动声色。

　　吕不韦接着说："您的父亲宠爱华阳夫人，夫人无子。您有兄弟二十余人，其中子傒最有可能继承王位，大臣士仓又辅佐他。您不是长子，也没有得到父亲的欢心，被送到赵国来做人质。一旦您的父亲继承王位，恐怕您根本没有机会成为太子了。"

　　嬴异人早就考虑过这个问题，但自己既不是长子，也不是嫡子，母亲夏姬也不是父亲的宠姬，继承王位根本是不可能的事情。

　　可是，经过长平一战，赵国已经成为秦国的下一个目标，一旦秦军进攻邯郸，自己恐怕随时有可能被牺牲掉了。这就不仅仅是成为太子的问题了，而是事关自己的生死。

　　嬴异人一声叹息："那又有什么办法呢？"

　　吕不韦说，现在的关键是华阳夫人，只有她能决定谁来当您父亲的继承人，我虽然很穷，但是希望得到您的同意，替您到秦国去，说服华阳夫人，立您为继承人。

　　嬴异人明白这世界没有无缘无故的恨，也没有无缘无故的爱。吕不韦的帮助必然是要求回报的，好在自己本来就是一无所有，此时此刻便画一张大饼给他好了，成功了自己一步登天，失败了也不过如此，难道还能比现在更惨吗？

　　想到此处，嬴异人上嘴唇一碰下嘴唇，许诺给吕不韦一个光辉灿烂的远景。他说："如果您的计划能够成功，我把秦国分一半给您。"

　　吕不韦的计划的第一步顺利成功。他既成为了嬴异人的代理人，又得到了盼望的承诺。他立刻送给嬴异人五百金，让这位公子来结交门客。

　　吕不韦马上行动起来，他的人生之路从此改变，这个大商人要弃商从政了。他就凭着这个微乎其微的机会，押上了自己一生的积蓄。作为一个经营的行家、搞政治的新手去创造奇迹，去改写历史。

　　吕不韦花五百金买下各种奇珍异宝，自邯郸向西出发，到了秦国。

　　到了秦国都城咸阳以后，吕不韦没有直接去拜见秦国太子嬴柱，也没有拜见嬴柱的夫人华阳夫人。

　　他凭借多年经营奢侈品买卖的直觉，对女人有自己的判断。自己去说服一个女人是不可能的，他要迂回进攻，从侧面打开突破口，让女人去说服女人。

　　吕不韦先去拜见华阳夫人的姐姐，然后献上若干种宝物，同时献上一番说辞。

　　这些宝物和说辞打动了华阳夫人的姐姐，经她引见，吕不韦见到了华阳夫人。

　　吕不韦一见华阳夫人，先献上各种奇珍异宝，随后大赞嬴异人的贤能，说他宾客满天下，又非常孝顺。经常在邯郸日夜哭泣，思念父亲嬴柱和华阳夫人，把"华阳夫人当成自己头上的一片天。"

　　作为一个贵族，作为一个女人，华阳夫人和其他贵妇人一样，对奢侈品有本能的喜爱，她看到珍玩后眉飞色舞。

这时，她的姐姐趁机来煽风点火，她说："以色事人者，色衰则爱驰。"

这十个字很简单，但是说透了人情世故，世态炎凉。

在美国，有个华尔街金融家提出了类似的说法。

故事是这样的。

在美国，一位姑娘在一个社交网站的金融版刊登了一则启事，表示希望嫁给一位百万富翁。如此直白的表述吸引了很多美国人关注。她说：

我要说的都是心里话。

本人25岁，非常漂亮，是那种超出一般的漂亮，言谈举止符合上流社会的标准，希望嫁给一位年薪50万美元的男人。也许有人认为我太贪心，但在纽约年薪100万也只是中产阶级的水平，我的要求其实并不高。

这里有没有年薪超过50万美元的人呢？你们都结婚了吗？我想问这些人一个问题，怎样才能嫁给有钱人呢？在我约会过的人中最有钱的一个年薪也只有25万。要住进纽约中央公园以西的富人区，这样的收入是远远不够的。我是诚心诚意地来请教的。有几个问题请回答一下：

一、钻石王老五一般都在哪儿消磨时光？（请列出酒吧、饭店、健身房的名字及详细地址。）

二、我的目标人群应该定在哪个年龄段？

三、为什么有些富豪的妻子长相一般？（有些女生姿色一般，毫无动人之处，却能嫁入豪门。而单身酒吧里那些美女却没有这样的好运气。）

四、你们怎么决定谁适合做妻子，谁适合做女朋友？（我的最终目标是结婚。)

——波尔斯女士

一个华尔街金融家的回帖是这么说的：

亲爱的波尔斯女士：

我很认真地看完了你的帖子，恐怕很多女士也有类似的疑问。让我以一个投资专家的身份，来对你的处境分析一下。顺便说一句，我的年薪超过50万，符合你的择偶标准，所以请相信我并不是在浪费你的时间。

从商人的角度来看，跟你结婚是个很糟糕的决定，这道理很明显，抛开那些细节，你所说的其实是一笔简单的"美貌"与"财富"的交易：甲方出人，乙方出钱。

但是，这个交易有个致命的问题，那就是你的美貌会一点一点的退步，而我的钱却不会无缘无故减少。正相反，我的收入很可能会逐年递增，而你则不可能一年比一年更漂亮。

因此从经济学的角度来讲，我拥有的是增值资产，你拥有的是贬值资产，不但贬值，而且会加速贬值。你现在25岁，在未来的五年里，虽然每年会略有退步，但仍可以保持身材和容貌。不过你的美貌消逝的速度会越来越快，如果这是你仅有的资产，十年以后你所拥有的价值不会太理想。

用华尔街的术语说，每笔交易都有一个仓位，与你交往属于"交易仓位"，一旦价值下跌就要立即抛掉，而不能长期持有——也就是你期望的婚姻。这听起来很残忍，但对一件会加速贬值的商品来说，明智的选择是租赁，而不是购买。我们这些年薪超过50万的人，当然是聪明人，因此我们只会和你交往，但不会和你结婚。所以，我劝你不要继续寻找嫁给有钱人的秘方了。你完全可以想办法把自己变成年薪50万的人，这比碰到一个有钱的傻瓜的几率大多了。

希望我的回帖能对你有所帮助。如果你对"租赁"感兴趣的话，请与我联系。

——罗波·坎贝尔（J·P·摩根银行多种产业投资顾问）

古今中外，如果把婚姻看做交易，都必然遵循这个道理。

但是华阳夫人的姐姐只是说出了事情的表象，"以色事人者，色衰则爱驰。"

那位华尔街金融家却道出了博弈双方的逻辑。

第三场 华阳夫人想当太后

这一句话让华阳夫人陷入思考之中。

她的姐姐再接再厉："现在夫人受宠，却没有自己的儿子，应该趁早找一个孝顺又能干的公子，这时候去支持他成为继承人，作为您的依靠。等到您的年华老去，不受宠爱了，那时候想要说句话都没有机会了。"

华阳夫人心有所动，她知道后宫的争斗有多么冷酷无情。

她的姐姐转向正题，重点推荐嬴异人，她说："公子异人很能干，但没有条件成为继承人。如果夫人在这时候去支持他，则公子异人无国而有国，夫人无子而有子，双方各得其所，您这一辈子都能在秦国享受荣华富贵了。"

华阳夫人被说服了，她要从长计议，为自己成为太后的那一天来打算。

吹枕头风的机会说来就来，华阳夫人等到太子嬴柱心情好的时候，对他说："我经常听说公子异人非常贤能，大家都在称颂他。"

嬴柱很意外，他不知道夫人是什么意思，怎么会突然提到这个不在身边的儿子。

华阳夫人已经上了吕不韦的船，她要一直划下去。她使用了女人最有力的武器——眼泪。

边哭边说，"太子请替奴家想一想，妾身没有儿子，异人不是嫡子，如果能让异人成为继承人，他必能照顾奴家。"

美人在旁哭得梨花带雨，嬴柱的百炼钢化成绕指柔，他口头同意了。但是华阳夫人继续要求，她以一个宫廷女性的狡猾看透了男人，在这个时候，口头约定是靠不住的，她要有个凭证。

嬴柱又屈服了，他下令刻下玉符作为凭证，日后要立异人为继承人。另外，嬴柱派人给身在异国的嬴异人送去厚礼，并且聘请吕不韦作为嬴异人的师傅。

嬴异人从一个人质，一夜之间就变成了秦国太子的头号继承人，他的名字立刻传遍了咸阳城。

但好事多磨，刚听到吕不韦带来的好消息，嬴异人还没有来得及笑出声来，麻烦就来了。

天上掉下个嬴异人，又突然冲刺跑到继承人竞争者队伍前面去了，那些盯着太子继承人位置的人开始行动了，他们迅速达成一致意见，结成联盟，要一举除掉这个突然冒出来的嬴异人。

这个联盟包括了若干公子和附属他们的大臣，这些政客是不喜欢走直线的，他们要神不知鬼不觉解决嬴异人。因此，他们制订了借刀杀人的计划。计划已定，这些人就在咸阳宫廷开始游说，对秦昭襄王施加影响，要趁着赵国疲弱之际，进攻邯郸，为秦国打开向东扩张的大门。

按照反嬴异人联盟者的如意算盘，一旦秦军出发，不等到达邯郸城下，赵军就会杀掉人质嬴异人。

对于秦昭襄王来说，这是个非常有诱惑力的计划，是秦国扩充疆土的必由之路，他毫不犹豫地同意了。

身为太子的嬴柱得知此事，也是无计可施。身为继承人的他只能支持父王的决定，他是无法公开表示反对的。

秦军出发了。

在长平之战的第二年，公元前258年，王龁统帅秦军突破外围防线，直取赵国都城邯郸。

邯郸城内的嬴异人想：如果自己的母国获胜，恐怕不等到秦军来到自己面前，自己就被赵军杀了。如果赵军获胜，自己可能还有一线生机。

但是，这种希望自己母国失败的想法，真是让人无奈。

嬴异人自从被迫离开了母国，做了一名人质，本已是万念俱灰，只盼能平平安安的度过余生。如今，刚刚看到一线曙光，又被命运裹挟着掉进了看不到彼岸的泥沼，左右为难无法自拔，真是生不如死。

好在赵国面临亡国灭种的紧要关头，一心只盼求得救兵，打败敌军。根本没人能想起来收拾这个若干年前送来的秦国人质。

赵王提出联合六国抗击暴秦的口号，向每一个邻国都派出使团请求支援。

赵孝成王派"战国四公子"之一的平原君赵胜去联楚抗秦，平原君计划带20个门客组成外交使团，但是挑来挑去，只选中了19个人。

临行前的最后一刻，门客毛遂自荐加入，他已经做了3年的门客，始终没有表现的机会，这次要表现一下。平原君勉强同意，毛遂成为使团的最后一个成员。

到了楚国，平原君向楚王陈述利害，从太阳出来开始讲，一直讲到太阳当头照，仍然没有结果。

危急关头，毛遂按剑而上，软硬兼施，陈说利害。他打动了楚王，双方歃血为盟，楚王派春申君黄歇率领军队救援赵国。

同时，魏王也准备派将军晋鄙率军十万救援赵国。

秦昭襄王听说此事，立刻派使者恐吓魏王："秦军攻赵是探囊取物，如果有人敢来救援，我收拾完赵国立刻就来收拾他。"魏王胆怯了，下令魏军原地不动。

魏国信陵君魏无忌得知此事，苦劝魏王，魏王不听。信陵君深知魏赵两国唇亡齿寒，如果魏国不出兵救援，表面上保存了实力，讨好了秦国，实际根本是自取灭亡，慢性自杀。因为魏国的位置处于秦国和赵国之间，如果赵国被吃掉，魏国就完全被秦国包围，腹背受敌，成为秦国盘子里的一块肉，秦国想怎么吃就怎么吃，想什么时候吃就什么时候吃，魏国的存亡就在旦夕之间了。

有鉴于此，信陵君当机立断，率门客窃虎符（调兵令牌），然后赶到魏国大营，击杀主帅晋鄙，率魏军救援赵国。

楚魏人马杀到赵国都城邯郸城下，和赵军组成联军，共同抗秦。

这下秦军吃不消了，王龁统帅的秦军连吃败仗，秦昭襄王又想起了白起，他命白起去指挥。

作为长平之战的指挥官，白起认为秦军刚刚经历一场大战，消耗很大。而邯郸是赵国都城，赵军一定拼力死战，其他诸侯一向对秦军怀有敌意，一定会来救援赵国。这样，秦军就会面临内外夹击的困境，难免一败。

因此，白起称病不出。

秦昭襄王大怒，他先免去白起的爵位，将其逐出咸阳，随后将白起赐死。一代名将百战沙场，在兵戈林立的城头上战斗过，在箭如雨发的山川间拼杀过，百战百胜，却死在自己的剑下。

这不只是白起的悲剧，这是封建体制下军事将领的普遍命运。任你功高盖世，任你盖世英雄，一旦和最高统治者见解不同，瞬间就一个倒栽葱跌下云端，别说指挥千军万马，连自己的生死都要看别人的一念之间了。

不久，信陵君率三国联军大破秦军于邯郸，王龁败走逃回咸阳，赵国的卫国战争以胜利告终，赵国的历史得以延续。

信陵君一战成功，却不能得胜还朝。

因为他知道，自己违抗了魏王的命令，又处死了魏国的大将，如果回国恐怕难逃一死。

于是，信陵君派大将率魏军回国，自己留在了赵国，成为流亡者。

赵国安全了，邯郸举城欢庆，大家正在兴高采烈的时候，有人想到了秦国人质嬴异人，大家向赵王建议，要杀掉这个人质报仇雪恨。

正在这千钧一发之际，吕不韦提前行动了。

吕不韦进宫拜见赵王，赵王早就知道这个卫国的大商人，但他是相信实力的。他了解卫国，卫国很弱，非常弱，根本是个不得不爱好和平的国家，对国际形势根本没有影响力。

赵王的判断是正确的，几年以后，卫国就遭了殃。

前254年，卫国被魏国兼并，成为魏国的附庸。

前241年，秦国进攻魏国，卫国又成了秦国的附庸。

但赵王有一点是万万没有想到的，这个弱不禁风的卫国竟然熬过了战国时代，等到齐楚燕韩赵魏都被秦国灭掉了，卫国竟然还存在。

这简直是战争史上的奇迹。

恐怕只有瑞士的经历可以与之媲美，第二次世界大战中，纳粹德国征服了波兰、捷克、比利时、法国、挪威、奥地利等国家，却偏偏漏掉了近在咫尺的瑞士。

直到秦二世元年（前209年），卫君被废为庶人，卫国才宣告灭亡。

卫国是周诸侯国中最后一个被秦消灭的国家。

赵王不想见吕不韦这个弱国的国民，但吕不韦提出了他无法拒绝的理由。吕不韦说，他不是来为卫国做使臣的，他是来为赵国的千秋大业而来的。

吕不韦拜见赵王已毕，说："赵国如果放了嬴异人，可保万世太平。"

赵王惊愕，他想不通这个人质怎么会有这么大的作用？

吕不韦施展自己的口才，他说："嬴异人是秦国的公子，他的母亲不是夫人，他不是长子。"

赵王更想不明白了，这样一个人怎么会对赵国的安危起作用呢？

吕不韦说："正因为嬴异人非嫡非长，秦国的王后华阳夫人要收他为养子。如果秦国要来攻击赵国，大王杀了嬴异人也不会让秦军退兵，这个人质对赵国是没有作用的；如果赵国给嬴异人很好的待遇，然后送回秦国，他必然要报答大王；如果秦昭襄王死了，太子嬴柱成为秦王，自然有其他公子做他的继承人，大王用嬴异人做人质，也无法结交秦国，嬴异人对赵国还是没有作用。"

论点论据都摆完了，吕不韦说出了自己的意见，"大王放了嬴异人吧。"

赵王动摇了，但是还是不甘心，就这么放了嬴异人，太便宜他了。何况，大臣和将军们都要杀嬴异人而后快，强行违背众意，不利于朝局的稳定。

赵王一时间无法决定，吕不韦告辞出宫。

吕不韦回到赢异人住处，发现赵国增加了戒备。

两人越想越觉得太危险，还是走为上策，否则夜长梦多。

吕不韦取出六百金，六百金是个惊人的数目。前几日，吕不韦只用了五百金就打动了秦国的华阳夫人，这次他用六百金贿赂了赵国看守，带着赢异人逃离邯郸，追上了败退的秦军。但赵政和母亲留在了赵国邯郸，或许父子此生再无见面的机会了。

据说从此以后，赵政只要上街就会被打，被赵国的孩子围攻，这孩子哭喊的嗓子都沙哑了，但嗓子哭哑了也没人来救他。

这日复一日年复一年痛苦的煎熬，把赵政从一个孩子打磨成一个坚韧、多疑、独断，信仰暴力和强权的男人，说话的声音十分嘶哑，按《史记》中的记录是"豺声"。

吕不韦和赢异人随同秦军回到了咸阳。

第一件事不是参拜祖宗，也不是吃饭睡觉，更不是去看秦昭襄王，而是买衣服。

赢异人在邯郸学了几年步，正不耐烦赵国的时尚，要尝试下秦国的服装。但吕不韦却给赢异人买了套楚人的衣服，短衣小冠。

赢异人穿上楚服，正在迷茫中，吕不韦的一句话打消了他的困惑，"华阳夫人是楚国人。"都说男人的一半是女人，但吕不韦的一多半都是女人，他对这个贵妇人的所思所想都了如指掌。

原本对于华阳夫人来说，支持赢异人是纯理性的产物，不带任何感情因素的，这种纽带关系太势利了，遇到更大的诱惑，难保不出意外，何况是争夺继承人这种大事情，出意外的可能相当大。

但是赢异人穿上楚服，就是精神上的同乡，再加利益上的养子，双倍的保险。

果然，华阳夫人一见嬴异人身着楚服，在异国他乡见到家乡的服饰，她好不感动，当即表示："这一天我们都是楚国人啊，你就是我的儿子了，你就叫子楚吧"。

嬴异人正式成为华阳夫人的嗣子，也就成为秦国太子嬴柱的继承人，并改名为子楚。

而那位子傒，曾经离继承人只有一步之遥的子傒，眼睁睁地看着自己被超越。

子傒一党身居咸阳，近水楼台先得月，发现了嬴异人的威胁以后，采用了借刀杀人的策略，没有成功，从此就没有动作了。

他们没有想到嬴异人能从赵国逃出来，这个确实很意外，算不上是失策。

但嬴异人从成为继承人到成为秦王，还需要一段漫长的时间。

他们，还有机会。

第四场　嬴政是第一位皇帝

六年以后，76岁的秦昭襄王薨。

秦昭襄王的一生是战斗的一生。

他在位长达56年，秦兼并六国的战争是从秦昭襄王开始的，他的编年史就是六国被侵略的历史。

公元前303年，秦昭襄王派李冰为蜀郡守，兴修都江堰。

公元前300年，秦军大败楚军，攻占襄城。

公元前299年，秦军大败楚军，攻占8城。随后，秦昭襄王约楚怀王会盟于武关，楚怀王不听屈原的劝告，被秦军劫持。秦军进攻楚国，攻占16城。

以后几年中，秦军大败韩、魏联军，夺得新城、垣、宛、轵等地。

公元前288年，秦昭襄王自称西帝，尊齐王为东帝。遭到以齐为首的联军进攻，秦昭襄王被迫取消帝号。

公元前287年，韩、赵、魏、燕、齐五国联军攻秦，双方打平。

公元前284年，秦国纠集了韩、赵、魏、燕，五国联军伐齐，攻入齐国都城临淄。

公元前279年，秦昭襄王与赵王会与渑池，要挟赵王，要强夺和氏璧，经蔺相如全力周旋，秦赵两国结盟，完璧归赵。

公元前278年，秦军攻破楚国都城郢都。

公元前271年，秦昭襄王诱杀义渠王于甘泉宫，解决了西北边境的问题。

公元前270年，秦昭襄王修筑长城，西起今甘肃岷县，北经皋兰，东越陇山，入今陕西富县，北经延安、绥德，东达于黄河西岸。

公元前260年，秦军在长平之战大破赵军，坑杀赵国降卒40万。

公元前256年，秦军灭西周（周王室的领土分为"东周"和"西周"两部分，由东周公和西周公分治，周天子居于西周王城），取天子九鼎，从此再无周天子。

秦昭襄王用范雎"远交近攻"之策，逐步蚕食六国领土，为秦统一中国奠定了基础。

秦昭襄王死后，太子安国君嬴柱成为秦王，即秦孝文王，华阳夫人为王后，子楚为太子。赵国马上把子楚的夫人和赵政送到秦国。

赵政第一次踏上了母国的土地。

秦孝文王做了不到一年的秦王，薨。华阳夫人继续得享荣华富贵，如愿以偿，成为华阳太后。

太子子楚成为秦王，即秦庄襄王，赵政身为嫡长子，毫无悬念的成为太子。

子傒再也没有机会了，他成为了一个普通的名字，再也没有出现在史书中。我们不知道他在想什么，也不知道他做过什么，只知道他再也没有机会登上王位了。

秦庄襄王开始兑现他当年的诺言，要把秦国分一半给吕不韦。

他先封吕不韦为丞相、文信侯，又赏赐食邑十万户。

吕不韦从卫国的商人变成了秦国的丞相，金印紫绶，一人之下万人之上。当年的"奇货可居"，果然是一本万利。

吕不韦有了权力，还要有名望。当时有"战国四君子"，分别是魏国的信陵君、赵国的平原君、楚国的春申君和齐国的孟尝君，这四人都以门客众多闻名于世。吕不韦也高薪聘请了三千名门客，以壮声势。

另外，吕不韦还召集这些门客著书立说，汇总编成一本书，以他的姓氏命名为《吕氏春秋》。为了提高《吕氏春秋》的知名度，吕不韦命令把书贴在咸阳城门上，并发出布告："无论是哪一国的人，谁能把书中的文字，或增加一个，或减少一个，或改动一个，赏黄金千两。"这就是"一字千金"的故事。

秦庄襄王即位三年，薨，太子赵政成为秦王。

秦王赵政13岁，当了名义上的国家元首，还没有亲政，他尊吕不韦为相国，称"仲父"。

这时的秦国已是毫无争议的霸主。而秦国的军政、外交大权，都在相国吕不韦一人之手。是他接过了秦昭襄王的统一大业。

公元前249年灭东周，攻取韩国的成皋、荥阳。

公元前247年，秦军攻取魏国的高都、汲，又攻取榆次、新城等37座城池。眼看魏国就要灭亡了，流亡在外的信陵君魏无忌出山，率五国联军保家卫国，在河外击败秦军。

公元前246年，秦军攻占韩国上党郡，平定晋阳。

公元前245年，秦军攻占魏国的卷地。

公元前244年，秦军攻取韩国13座城，又攻取魏国的两城。

公元前242年，秦军攻取魏国的酸枣，随后攻克长平等20座城。

公元前241年，秦军攻取魏国的朝歌，卫国脱离魏国的保护，成为秦国的附庸。

公元前240年，秦军攻取赵国的3座城和魏国的汲地。

公元前238年，秦军攻取魏国的3座城。

挡在秦国东进之路上的韩赵魏三国已经被咬的遍体鳞伤，这是吕不韦的功，也是吕不韦的过。

功是对秦国的功，过是对秦王政的过。

公元前238年，秦王政亲政，从皇位上站起来，开始亲自管理国家。

在他眼里，第一个敌人不是六国，就是在朝堂上指手画脚的"仲父"吕不韦。

他要实现自己的抱负和理想，第一个就要让吕不韦靠边站，让出舞台的空间，让自己登场。

公元前238年，秦王政亲政的第二年。

有人告发长信侯嫪毐，嫪毐困兽犹斗，马上用伪造的秦王与太后印信骗来了少许士兵，随后率领门客和士兵共数百人发动政变，攻击蕲年宫。

这件事本应该由相国吕不韦处理，但秦王政却命昌平君和昌文君平叛，咸阳的守军一出，叛军立刻崩溃。

嫪毐是长信侯，在商鞅变法以后，秦国施行"二十等爵制"，一级公士，二级上造，三级簪袅，四级不更，五级大夫，六级官大夫，七级公大夫，八级公乘，九级五大夫，十级左庶长，十一级右庶长，十二级左更，十三级中更，十四级右更，十五级少上造，十六级大良造，十七级驷车庶长，十八级大庶长，十九级关内侯，二十级彻侯。长信侯位居最高等级的彻侯，又手握伪造的秦王和太后印信，却只召集了几百名士兵，这是为什么呢？

这就要说一说秦国的调兵制度——"虎符"制度。

公元1975年，陕西省西安市北沉村出土了一件战国时期秦国的虎符，通高4.4厘米，通长9.5厘米。

虎符的形状是一只昂首卷尾的猛虎，背面有个凹槽，颈上有一穿孔。身上有错金铭文9行30字，上面写到"兵甲之符，右在君，左在杜，凡兴士被甲，用兵五十人以上，必会君符，乃敢行之。"也就是说，调兵的虎符一分为二，右半符掌握在秦王手中，左半符在驻守杜这个地方的军官手中，凡调动50人以上的带甲兵士的情况，要先比对虎符，杜地的左符要与秦王的右符相合，才能行动。

长信侯地位尊贵，却没有虎符，但事起仓促，只能靠伪造的秦王和太后印信骗来了几百名士兵，结果被一举歼灭。

在嫪毐的叛乱被处理后，相关的调查牵涉到了吕不韦。

文信侯、相国吕不韦马上被革职。

秦王政并不满意，他知道，吕不韦统治秦国十多年，所有的大臣和将军都曾经是他的部下，他只要活着，就是对自己的威胁。

他把吕不韦赶出都城咸阳，放逐到蜀地（今四川成都地区）去。

吕不韦也很清楚，在政治舞台上，自己已经做主角太久了，是不可能退场的，要么演到底，要么死。

十多年前，他是个商人，偶遇"奇货可居"的嬴异人。

他历经千难万险，耗尽了智慧和金钱，把这个人质从刀山火海里解决出来，又扶上了秦王的宝座。

如今，嬴异人的儿子当上了秦王，却把自己一脚踢出都城。

吕不韦啊，吕不韦，富过贵过，嚣张过跋扈过。他一开口，整个秦国都要低头；他一伸手，六国诸侯都在发抖。如今却都是黄粱一梦，前方是漫漫长夜，是一眼看不到边的苦涩。这得意过的生命不堪忍受凄凉，他的雄心壮志都化成了灰，化成了烟，随风吹过秦国函谷关，吹到卫国濮阳城，他听见"呦呦鹿鸣，食野之苹。我有嘉宾，鼓瑟吹笙"；他听见"昔我往矣，杨柳依依。今我来思，雨雪霏霏"；他听见"战战兢兢，如临深渊，如履薄冰。"

公元前235年，吕不韦在放逐途中服毒自尽。

吕不韦当年参与秦国的夺嫡之争，不但改变了自己的命运，也改变了嬴异人的命运，还改变了赵政的命运，更改变了每个中国人的命运。

在国家机器的力量占压倒性优势的时代，太子党的争斗，虽然在宫墙之内，看似和百姓的生活风马牛不相及，但树大根深，牵一发而动全身，继承人的一进一退，一言一行，终究会影响到天下的芸芸众生。

赵政由人质之子，变为公子之子，继而成为太子、秦王。自此，秦国被赵政捏在手中，成为一架驱山填海，战无不胜的战争机器。

公元前230年秦军灭韩。

公元前228年秦军灭赵。

公元前225年秦军灭魏。

公元前223年秦军灭楚。

公元前222年秦军灭燕。

公元前221年秦军灭齐。

四十五年后，贾谊在《过秦论》中写道：

及至始皇，奋六世之余烈，振长策而御宇内，吞二周而亡诸侯，履至尊而制六合，执敲扑而鞭笞天下，威振四海。南取百越之地，以为桂林、象郡；百越之君，俯首系颈，委命下吏。乃使蒙恬北筑长城而守藩篱，却匈奴七百余里；胡人不敢南下而牧马，士不敢弯弓而报怨。于是废先王之道，焚百家之言，以愚黔首；隳名城，杀豪杰；收天下之兵，聚之咸阳，销锋镝，铸以为金人十二，以弱天下之民。然后践华为城，因河为池，据亿丈之城，临不测之渊，以为固。良将劲弩守要害之处，信臣精卒陈利兵而谁何。天下已定，始皇之心，自以为关中之固，金城千里，子孙帝王万世之业也。

天下已定，将军和大臣各有封赏，但最高荣誉要归于秦王。

第一件事，就是给秦王加尊号。

丞相王绾、御史大夫冯劫、廷尉李斯等人认为，秦王政"兴义兵，诛残贼，平定天下"，"自上古以来未尝有，五帝所不及"。"古有天皇，有地皇，有人皇，人皇最贵"，建议秦王政做"泰皇"。

秦王政只采用一个"皇"字，又根据祖父秦昭襄王当年的"西帝"封号，加一"帝"字，创造出"皇帝"的称谓。

秦王政成为中国历史上第一个皇帝，自称"始皇帝"。

第二幕

汉太子：无奈的选择

【汉高祖　太子之不完全档案】

朝代：西汉

皇帝：汉高祖　刘邦

刘盈：（前211年—前188年），太子，为汉高祖与吕后所生。

其他皇子：庶长子 齐悼惠王刘肥（母曹氏）、赵隐王刘如意（母戚夫人）、汉文帝刘恒（母薄姬）、赵共王刘恢、赵幽王刘友、淮南厉王刘长（母赵姬）、燕灵王刘建

斗争：周昌和商山四皓

继位者：汉惠帝　刘盈

第一场　汉高祖和吕后打擂台

汉高祖刘邦，是草根英雄。元曲里描述他回家乡的那些情形，真实性超过娱乐版对明星的报道，不算很离谱。

社长排门告示，但有的差使无推故。这差使不寻俗，一壁厢纳草也根，一壁厢又要差夫，索应付。又言是车驾，都说是銮舆，今日还乡故。王乡老执定瓦台盘，赵忙郎抱着酒葫芦。新刷来的头巾，恰糨来的绸衫，畅好是妆幺大户。

[要孩儿] 瞎王留引定火乔男女，胡踢蹬吹笛擂鼓。见一　人马到庄门，匹头里几面旗舒。一面旗白胡阑套住个迎霜兔，一面旗红曲连打着个毕月乌。一面旗鸡学舞，一面旗狗生双翅，一面旗蛇缠葫芦。

[五煞] 红漆了叉，银铮了斧。甜瓜苦瓜黄金镀。明晃晃马蹬枪尖上挑，白雪雪鹅毛扇上铺。这几个乔人物，拿着些不曾见的器仗，穿着些大作怪衣服。

[四煞] 辕条上都是马，套顶上不见驴，黄罗伞柄天生曲。车前八个天曹判，车后若干递送夫。更几个多娇女，一般穿着，一样

妆梳。

[三煞] 那大汉下的车，众人施礼数。那大汉觑的人如无物。众乡老展脚舒腰拜，那大汉那身着手扶。猛可里抬头觑，觑多时认得，险气破我胸脯。

[二煞] 你须身姓刘，你妻须姓吕。把你两家儿根脚从头数：你本身做亭长耽几盏酒，你丈人教村学读几卷书。曾在俺庄东住，也曾与我喂牛切草，拽耙扶锄。

[一煞] 春采了俺桑，冬借了俺粟，零支了米麦无重数。换田契强秤了麻三秤，还酒债偷量了豆几斛。有甚胡突处？明标着册历，见放着文书。

[尾] 少我的钱差发内旋拨还，欠我的粟税粮中私准除。只道刘三谁肯把你揪住，白什么改了名更了姓唤做汉高祖。

刘邦本是楚国人，出自农家。公元前256年生于楚国泗水郡丰邑县中阳里，父亲是刘太公和母亲是刘媪，他排行在三，本地人叫他刘季，上面有两个哥哥和一个姐姐，下面有一个弟弟。

公元前223年，刘邦33岁，秦国灭楚国。

公元前221年，刘邦35岁，秦国统一六国。

秦国没有分封诸侯，而是实行郡县制，在地方上设立36个郡，郡下设县，县下设乡，乡下设亭，亭下设里。

两年之后，37岁的刘邦应聘上岗，成为秦国泗水郡的泗水亭长，做了秦朝政府基层的公务员，辖区十里，共100户。

后来，刘邦曾服徭役到过秦都咸阳，看到秦始皇浩浩荡荡的出行队伍，不仅感叹"嗟乎，大丈夫当如此也！"此时他一穷二白，尚未娶妻。

吕后名叫吕雉，是吕公的长女，吕公有四个孩子：长子吕泽，次子吕释之，长女吕雉，次女吕媭。吕公和沛县县令是好友，客居于此。

吕公刚到沛县的时候，县里的上上下下一起来摆酒招待。按照中国礼仪之邦的传统，来吃酒的客人都要送礼。

一时间高朋满座，盛友如云。宴会的主人约定：送礼超过一千钱的人在堂上喝酒，送礼不满一千钱的人只能委屈一点儿，在堂下喝酒。

刘邦也来了，他站到门口，高喊一声"泗水亭长刘季，送礼一万钱。"

吕公连忙出来迎接，但是刘邦一个子也没有。吕公也不计较，请刘邦上坐。

在酒席宴上，吕公上下打量这位口出狂言，身无分文的吃客，越看越喜欢。宴会结束以后，吕公对刘邦说："我平生相人无数，你的面相贵不可言。我有一个女儿，想许配给你为妻，你看如何？"

呵呵，吃白食吃来个媳妇，刘邦心花怒放，满口应承。

吕公把此事告诉妻子，他妻子十分不解："你以前说女儿有贵相，要嫁给贵人。沛县县令求婚你都不答应，为什么要嫁给这个刘季？"吕公微笑："这里面的缘故你是不会知道的。"

这个事情发生在现在的话，妻子反对，这桩婚事要告吹，中国的历史就要改写。好在是万恶的封建社会包办婚姻，吕公一人做主，将二十几岁的吕雉嫁给了四十一岁的刘邦。不几年，吕雉给刘邦生了一子，取名刘盈。后来又生了一女，就是后来的鲁元公主。

三国时代的英雄人物刘备有句名言，叫"兄弟如手足，妻子如衣服。"他作为刘邦的后人，显然是继承了家族的传统。

又过了几年，刘邦押送往郦山服劳役的人，一路上有人逃亡。眼见无法完成任务，刘邦干脆把其余的人都放了，也不给家里捎个信，就直接跑到芒砀山，据他自己说杀了一条蛇，就啸聚山林了。

刘邦47岁那年，秦始皇驾崩，秦二世胡亥登基。

刘邦48岁那年，陈胜、吴广在大泽乡起义，以陈胜为将军，在陈县建立张楚政权，天下震动，四方响应。项梁、项羽叔侄在会稽郡举兵反秦。刘邦起兵攻下沛县，被推举为沛公，投入项梁的麾下。

同年，张楚政权先后派出吴广和周文两路人马进攻秦朝都城咸阳，吴广军在荥阳受阻，和秦军对峙。周文军杀奔关中秦朝腹地，进入函谷关，逼近咸阳。但两路大军不久被秦朝少府章邯击败。

刘邦49岁那年，陈胜在下城父被杀害，张楚政权败亡。

随后，章邯率秦军在定陶杀死项梁。不久，项羽在巨鹿破釜沉舟，大败章邯，全歼秦军主力。

此时，刘邦趁机带兵西进函谷关，攻破武关，直达灞上。秦王子婴向刘邦投降，刘邦军进入咸阳，秦朝灭亡。

刘邦50岁那年，项羽自立为西楚霸王，分封天下十八诸侯王，以刘邦为汉王，封地在今天的四川，吕雉成为王妃，刘邦又娶了美人戚姬。

三个月后，齐王田荣起兵反楚，刘邦也趁机跳出蜀地，进攻项羽分封的雍王、塞王和翟王，楚汉战争爆发。

此时的项羽正在忙于对付齐王田荣，刘邦军乘虚而入，击破西楚都城彭城。

项羽得知都城失陷，立刻回师，在彭城将汉军全歼，刘邦率数十骑逃亡。刘邦在逃亡的路上，眼看敌人越追越近，为了减轻马车的负重，几次把他和吕雉的一双儿女刘盈和鲁元推下车去，还好有大臣夏侯婴屡次停车救助，刘邦大怒，要杀了这两个孩子，下属拼命保护。结果，刘邦逃走了，他的这一双儿女在乱军中走失。

而刘邦的父亲和吕雉就没那么幸运了，他们成为楚军的俘虏。

吕雉的哥哥吕泽的军队在下邑驻扎，没有受到冲击，刘邦逃到下邑，算是保住了一部分实力。

刘邦在下邑整顿军民，查找家眷，只找到了刘盈一个人。

六月，刘邦立刘盈为太子，大赦罪人，命太子守栎阳，诸侯子弟凡在关中的，都到栎阳来参军。

楚汉两军互相拉锯，在荥阳对峙，议和。

项羽释放了刘太公和吕雉，然后撤兵。

吕雉回到了汉营还没有笑出声来，就遭到当头一棒，戚姬已经成为刘邦的宠爱，并且生下一子——刘如意。

从此，刘邦和吕雉的关系势同水火。

但，吕雉时刻忍耐着，为了自己的儿子太子刘盈忍耐着。

等西楚霸王项羽兵败垓下，乌江自刎，楚汉战争结束。

公元前202年，刘邦于沛县起兵的8年之后，终于当上了皇帝。

刘邦称帝，封吕雉为皇后，刘盈为太子，戚姬为夫人，刘如意为赵王。貌似一切都有了秩序，一切都恢复了平静，其实这只是麻烦的开始。

以刘邦的性格和经历来看，他经历过惨烈的战争，是刀山血海里杀出来的皇帝，自然喜欢血性的汉子。他认为太子刘盈根本不像自己，太过仁厚，太过软弱。而戚姬的儿子刘如意脾气性格都和自己差不多，很合适做自己的继承人。

同时，吕雉年纪大了，和刘邦的感情也淡漠了，两个人的关系愈加疏远。被宠幸的戚夫人几乎日夜哭泣哀求，恳求刘邦让刘如意做太子。

刘邦被枕头风吹晕了，他在朝廷上正式提出了要撤掉刘盈的太子位，改立刘如意的动议，结果是朝中大臣几乎一致反对。他们认为：太子是天下的根本，根本一动，天下必定不安。

但刘邦一意孤行，他每次在朝会都要提废立太子之事，他和群臣展开一场不屈不挠的斗争。在吕雉看来，自己和太子刘盈休戚相关，一旦太子被废，戚夫人马上就会取代自己的位置。

但两千年前的中央政府开会，是没有女性的发言权的，哪怕你是皇后，也没有自己的位置，连做一个没有发言权的旁听观众都是违法的。

可是，吕后太焦虑了，她顾不了这许多了，她侧身东堂偷听朝议。

这一次，刘邦看来是下定了决心要废掉太子。几乎所有功臣宿将都被他压倒了，除了一位，那就是周昌，口吃的周昌。

周昌越听越着急，越着急越恼火，越恼火就越口吃。他说：我的嘴巴不会说，但是，我觉得这件事绝对不可能做（期期知其不可），陛下即使想废太子，我也绝对不能接受这样的诏书（期期不奉诏）。周昌面红耳赤的表情，结结巴巴的语言，让刘邦气急而笑，这一次看来是无法避免的动议终于不了了之了。

朝会散后，吕后见到周昌，跪谢在地，说："今天要不是您据理力争的话，太子几乎就被废掉了。"

虽然这次有惊无险，但是吕后已经看到了事情的严重性，她必须有所动作，等下去只有死路一条。她想到了一个人，这就是足智多谋的张良。

但张良不肯蹚这个浑水，他拒绝成为太子党。吕后无计可施，干脆让哥哥吕泽劫持张良，逼他献计。

这一幕看起来很熟悉啊，《三国演义》里，江东刘表的儿子刘琦也是照此办理，他为了让诸葛亮替自己出主意，把诸葛亮请到楼上，然后来了个上楼去梯，困住孔明。卧龙先生上不着天，下不着地，无奈给刘琦出了一计。

张良也是被逼无奈，对吕泽说：当今天子在战争困难时期确实能够听从我的意见。但是，现在是陛下因为爱的缘故要废长立幼，这已经不是靠言辞能解决的问题了。我有个主意，你们可以试一试。当今天子非常看重隐居在商山的四位年长的高士东园公、甪里先生、绮里季、夏黄公，合称"商山四皓"，但屡次派人去请却始终请不来，因为"商山四皓"认为天子对臣下态度一贯傲慢。如果你们能想个办法这四位高士请出来辅佐太子，让他们天天在上朝时陪着太子，天子一定会看见的。这样的话，天子知道"商山四皓"在辅佐太子，也许会对保住太子的位子有所帮助。

吕后马上行动，她命太子写了封谦卑的亲笔信，命吕泽备厚礼，派人把这封信和礼物送给"商山四皓"，请他们出山。

就在这个千钧一发的时刻，"商山四皓"来到长安，成为太子一党。

到了这一步，太子党的成员从后宫的吕后，到外戚吕氏兄弟，到若干或明或暗的朝臣，又发展到民间的"商山四皓"。

而赵王刘如意一党，貌似自始至终只有戚夫人一个人在战斗。戚夫人的突破口选得很精确，但是毕竟孤立无援啊。突破以后，缺少后续部队的支援，没能再接再厉，一举奠定胜局。

第二场　赵王如意不如意

不久，英布的叛乱给了"商山四皓"第一个表现的机会。

英布原是盗贼出身，开始是秦末义军的一支。后来成为项羽的部下，在西楚霸王的麾下也号称勇冠三军，这员猛将名不虚传。投降汉军以后，被封为淮南王，封地辖有九江、卢江、衡山、豫章等四个郡，堪称兵精粮足。

刘邦马上就要起兵平叛，但毕竟年纪大了，又征战多年，连气带急，病了。于是，打算派太子刘盈出征。

消息传出以后，"商山四皓"在一起商量此事，四人达成一致意见，认为："我们四人来到太子的门下，就是想要保全太子。如果太子担任了平叛的主将，事情就危险了。"

"商山四皓"立刻去找吕后的弟弟建成侯吕泽，他们对吕泽说："太子领兵平叛，如果打赢了，立有战功，受到的封赏也不可能超过太子的位置。如果打败了，无功而返，马上就会大祸临头。何况现在的军队，都是和天子一起平定天下的骄兵悍将。如今要太子统领这样的部队，无异是让羊来统领狼，这些人肯定不会听从太子的命令的，那么太子必定要打败仗。

而如今戚夫人得到天子的宠幸，赵王刘如意更是经常被戚夫人抱到天子的面前承欢，太子的地位已经很危险了。您应该立刻请吕后找个机会在天子面前哭诉，说："英布是一员猛将，善于用兵。而朝中诸将都是陛下以前的属下，太子根本无法统领这些人。况且英布一旦得知太子为帅，必定气势大盛，会马上向西进攻长安城。天子虽然在病中，仍然可以勉强在车上指挥作战，军队毕竟尽心竭力。天子虽然非常辛劳，但为了妻子儿女，也不得不勉力为之啊。'"

吕泽听后，当夜就去见吕后，表达了"商山四皓"的意见，吕后马上找机会在面前哭诉，把"商山四皓"的一番说辞叙述一遍。

刘邦一听，心有所动，安慰吕后说："朕也觉得太子太年轻，还不足以当此大事，还是朕御驾亲征吧。"

两军相遇后，刘邦在壁垒之上瞭望英布的阵法，这阵法和项羽如出一辙，楚汉战争的那些往事又历历在目了。

正在此时，英布出阵来观看汉军的阵地。

刘邦向英布高喊："将军何苦要造反哪"英布直言不讳："无非是想做皇帝罢了。"

刘邦大怒，挥军直进。英布军队虽多，但毕竟事起仓促，上下人心不齐，顿时抵挡不住，节节败退。

突然，刘邦被一支冷箭射中前胸，但汉军继续高歌猛进，很快就消灭了英布叛军。

刘邦班师回朝的路上，箭伤日益加重。回到长安后，吕后马上找来大夫，大夫刚刚拜见过天子，刘邦就问："我这病能治吗？"大夫说："能治。"

刘邦顿时无名火起，大骂大夫："朕以布衣提三尺剑取天下，这都是天命啊，既然我命在天，根本不需要医治！"然后赏赐了大夫，拒不接受任何治疗。

吕后问："陛下千秋万岁之后，如果萧何相国死了，谁能代替他？"刘邦说："曹参。"吕后问："那曹参之后呢？"刘邦说："王陵可以，但是王陵太直，陈平可以做他的副手。陈平的谋略足够了，可是一个人难以担当重任。周勃虽然不怎么读书，但是很稳重，能保全刘氏的江山，周勃可以做太尉。"吕后又问："以后如何呢？"刘邦说："以后的事情朕也不知道了。"

刘邦交代完政治遗嘱，想起来自己的继承人问题。

骂人的快意很快就过去了，中箭的痛苦让他感到生命快要走到了尽头，他一定要完成自己最后的愿望，让赵王刘如意取代太子刘盈。

张良力谏，但劝阻无效，于是请病假回家去了。

太子的师傅叔孙通以死相谏，说"太子仁孝，天下皆闻；绝不会挥霍天子与皇后辛苦创下的基业。如果陛下想废掉太子，请先杀掉臣。太子是天下根本，树根一摇而天下振动！"刘邦卖他个面子，口头上答应了，内心里的"不"却写在了脸上。

不久，刘邦在一次朝宴上发现太子身后跟着四位老人，须发皆白，服饰华贵，非常惊异，就问他们是谁？

四位老人上前通报了姓名：东园公、角里先生、绮里季、夏黄公。

刘邦大惊，说："我多年前就邀请你们，但你们一直不肯来。据说还写了一首《紫芝歌》，说'莫莫高山，深谷逶迤。晔晔紫芝，可以疗饥。唐虞世远，吾将何归？驷马高盖，其忧甚大。富贵之畏人兮，不如贫贱之肆志。'现在为什么要辅佐我的儿子呢？"

"商山四皓"回答："陛下一向不读书，爱骂人。我们不想受辱才逃入深山。如今听说太子仁孝，爱护读书人，天下人都愿意为太子效命，所以我们就出山了。"刘邦说："烦请四位替朕照顾好太子。""商山四皓"敬完酒，离席而去。

刘邦看着四位老人的背影，对旁边的戚夫人说："我想让赵王来当太子，这四位高士都来辅佐太子，太子的地位已经难以撼动了啊！看来吕后是真正的后宫之主了！"

戚夫人一听此言，失声痛哭，

刘邦说："朕本是楚国人，爱姬跳一支楚地之舞吧，朕来唱一首楚地之歌。"

戚夫人翩翩起舞，刘邦唱到："鸿鹄高飞，一举千里。羽翮已就，横绝四海。横绝四海当可奈何。虽有矰缴，尚安所施。"

自此之后，刘邦再也不提废立太子之事了。

太子党完胜。

看来赵王刘如意已经退出了这场竞争，戚夫人的哭泣也只是最后的委屈，无奈的发泄。事情似乎已经结束了，但这对母子并不明白，夺嫡之争只能有一个胜利者，一旦参加了进来，有进无退，要么赢，要么死，想借助贵在参与的奥运精神，想既然不能获胜就安全退出，是不切实际的想法。

对于吕后来说，只要刘如意和戚夫人还活着，对太子就是威胁。只要太子一天没坐到皇位上，这件事就没有结束。这个道理，吕后明白，刘邦也明白。而戚夫人是不明白的，她的努力是些小女人的欲望，把夺嫡这件事看成是家务事，好像是大小老婆争家产，能多挣一分就多挣一分，完全不晓得自己卷入了一场多么危险的游戏。

赵王如意不如意，他的前途看似富贵，实则暗流汹涌。刘邦深知吕后的为人，他很为这个爱子暗暗着急，但是皇帝这一肚子的心事，找大老婆吕后说，那是自讨没趣；找小老婆戚夫人说，那是对牛弹琴。九五之尊成了高山顶上放飞的风筝，山脚下的人看着它飘飘荡荡，好不逍遥自在，但这没着没落，无边无际的孤独感，只有耳边的风声知道。

刘邦的心事，有谁知道呢？

前面提到的周昌官拜御史大夫，他手下年轻的符玺御史，名叫赵尧。有人对周昌说："您的部下赵尧，年龄虽然不大，但是一名奇才，您最好对他关照关照，他有可能取代您的位置。"

周昌笑道："赵尧这么年轻，只是一个耍笔杆子的，怎么可能做御史大夫呢？"

不久，轮到赵尧当班，他侍候刘邦的文书工作。

刘邦在办公时间郁郁寡欢，闷闷不乐，突然唱起歌来，歌词没有记录下来，按照几百年后孔融先生"想当然"的逻辑，我们假定是下面的这首悲歌"每当一再而再地想起，那甜蜜的小插曲，脑袋就会不自禁抗拒，又思念你的情绪，可是寂寞有时太清晰，心碎雨将我的心一点一点点散去，每当耳际一再的响起，你离开后的回音，视线就会不经意逃避，笑容背后的同情，还剩这个空荡的躯体，心碎雨将我的心一点一点点变成雨滴，开始是像被刀划过，就算痛也不算什么，亲爱的你已不爱我，瘦了些显得很落魄，人潮中拥挤为什么，车厢外霓虹在闪烁……"

群臣不明所以，面面相觑。

这时候，前辈都不知所措了，当工作经验失去意义的时候，年轻人的机会就来了。

凭着自己的闯劲，赵尧挺身而出，要破解这首哀怨的挽歌。他说："陛下之所以心情不好，是因为赵王年纪太小，而戚夫人和吕后不和吗？是思虑陛下千秋万岁之后赵王的安危吗？"

刘邦点头："是啊，这是朕的隐忧，实在是想不出好办法来啊。"一边说，一边看着这个胆大的年轻人。

赵尧不慌不忙，"按照本朝的制度，赵王要去赵地工作，然后由中央派一位赵相来辅佐赵王，陛下如果为赵王选一位地位尊贵的国相，并且吕后、太子和群臣都素来忌惮这位大人，自然可以保全赵王了。"

刘邦又点头："是啊，朕也是这么考虑的，但是谁来做这个国相呢？"

赵尧说："御史大夫周昌。"

刘邦默念周昌的为人处事，不仅频频点头。

第一条，周昌和表兄周苛都是沛县人，又是跟随刘邦参加过沛县起义的老班底，入函谷关，消灭秦王朝，这兄弟都有战功。当初周苛是御史大夫，周昌是中尉。在楚汉战争期间，楚军把汉军围在荥阳城，眼看城池不保，刘邦悄悄溜出重围，命令周苛留守荥阳城。楚军攻破了荥阳，捉住了周苛，西楚霸王项羽想用他为将，周苛痛斥道："你们这些人应该赶快投降汉王，不然的话，很快地就要做俘虏了！"项羽大怒，立刻就烹杀了周苛。于是，周昌接替了表兄的职位，成为御史大夫，封汾阴侯。

结论：周昌资格老，地位高。

第二条，周昌曾经找刘邦汇报工作，正好看到刘邦在和戚夫人喝酒。周昌气得转身就走，刘邦丢下酒杯，追上周昌，把他摁倒在地，骑在他的脖子上问："朕是什么样的天子啊？"周昌昂起头来骂道："陛下是像夏桀和商纣王那样的暴君。"刘邦哈哈大笑，但是从此格外忌惮周昌的硬脾气。

结论：周昌脾气倔，敢直言。上至皇帝下到群臣，心里都畏惧他。

第三条，周昌和刘邦争辩过废立太子之事。

结论：周昌为保住太子立过功，吕后和太子也都感谢他。

有此三条，周昌确实是赵国国相的不二人选。

事不宜迟，刘邦把周昌招来，宣布了命令。并且说："朕有一件事要托付给你，请为我照顾好赵王。"

周昌拜伏在地，边哭边说："臣一直追随陛下，陛下为何现在不用我了，要把我贬到诸侯国去啊。"在西汉时期，御史大夫和赵相虽然都是两千石的工资，但是地位不同，前者是中央的官员，后者是地方官，天高皇帝远，一个官员远离了政治中心，他的政治生命就相当于被判了死缓。

刘邦劝慰道："朕知道这是委屈你了。但是朕确实很担心赵王，除了你没有人能保护好这个孩子，你就勉为其难吧。"于是御史大夫周昌成了赵王刘如意的国相。

周昌被刘邦绑上了赵王刘如意的战车。

周昌走了以后，御史大夫的位子空了出来。刘邦拿着御史大夫的大印在手里把玩，嘴里说："说能来做御史大夫呢？"眼睛盯着赵尧，又说"看来就是赵尧吧。"

赵尧果然做了御史大夫，不久又封为江邑侯。

第三场　戚夫人生不如死

刘邦从来不是个厚道人。

刘邦没出来闹革命以前，每日里游手好闲，吃吃喝喝。手里没钱了，就跑到嫂子家来混吃的，嫂子对这个兄弟很不满。

有一次，刘邦又来了。还带着几个狐朋狗友。嫂子忍无可忍，又不好意思当面斥责。就以一个家庭主妇的智慧所能想到的办法，跑去刮锅底，刮得哗哗响，表示已经没饭了。那几个狐朋狗友心理素质不够过硬，走了。刘邦面不改色心不跳，跑到厨下一看，锅里还有饭，心里非常不痛快。

等刘邦当了皇帝，别的亲戚都封了大大小小的爵位，但是不封自己的亲侄子。他爸爸刘太公看不过去了，劝了几句。刘邦给侄子封了个颉羹侯，颉羹就是克扣粮食的意思。

再说说太上皇刘太公的故事。

刘邦刚做皇帝的时候，每隔五天就朝见太公一次，行父子大礼。

家令（相当于管家）劝说刘太公："天无二日，土无二王。现在皇帝虽然是您的儿子，但他是人主；太公虽然是父亲，但您是人臣。怎么能让人主拜人臣呢？"

下次刘邦再来拜见父亲的时候，刘太公按照汉朝的礼节，手持扫帚出门迎接。刘邦大惊，连忙下车来扶父亲。刘太公说："皇帝是人主，不能因为我的缘故乱了礼法！"于是刘邦尊太公为太上皇。

待刘邦得知内情后，心里暗暗赞许家令办事得力，赐给他铜500斤。

未央宫修好以后，刘邦在未央宫前殿大宴群臣。

刘邦手捧玉杯，向太上皇敬酒祝寿，说"以前父亲经常说我无赖，不会治家业，不如二哥，现在您看一看，我和二哥谁的家业多啊？"

太上皇是农民本色，本分老实，答不出话来。

群臣大笑，高呼万岁。

刘邦的老婆吕后更不厚道。

刘邦有八个儿子，年龄最大的是刘肥。这是刘邦和曹氏之子，曹氏是刘邦与吕雉婚前的同居密友。

韩信疑似谋反被捉以后，大臣田肯对刘邦说："陛下擒住韩信，又在长安建都。关中原是秦国的土地，是战略要地，它周围有山川河流之险，与六国远隔千里。当年六国联军近百万，秦国只用两万人马就守住了函谷关。然后凭借地利进攻六国，就像在屋顶上倒水一样，顺水而下势不可当。还有东方的齐国，东有琅琊、即墨两地，物产丰富；南有泰山，巍峨险峻；西有黄河；北有渤海，也远离六国，如果六国联军近百万，齐国只用二十万人马就能守住。所以这两块要地可称为西秦、东齐，只用陛下的亲近子弟才能被封为齐王。"

　　刘邦对田肯的意见非常欣赏，赐铜500斤，然后把长子刘肥封为齐王，食邑七十余城，凡是会说齐国话的都算是齐国的居民。

　　公元前195年6月1日，62岁的刘邦驾崩于长乐宫。

　　在深宫高墙内，吕后下令秘不发丧，只找来了辟阳侯审食其商量。审食其是沛县人，当年刘邦带兵离开沛县时，留下哥哥刘仲和审食其一起来照料自己的父亲和妻子儿女。后来审食其和刘太公、吕雉一起被楚军俘虏，一起被关押，一起被释放，他和吕后的关系非同一般。

　　吕后和审食其就双方共同关注的话题进行了讨论。两个人认为："朝中众将当年和刘邦一样都是老百姓，身份没有区别。如今做了臣子，本来就有怨气，现在要他们来侍奉年轻的皇帝，恐怕更有不满情绪。只有把这些人统统杀光，才有可能维持天下的稳定。"

　　没有不透风的篱笆墙，何况是这种爆炸性的新闻。这件事传到了郦商将军的耳朵里面，他立刻来见审食其，说："我听说皇帝已经驾崩，吕后秘不发丧，想要除掉所有的将军。如果真是这样做的话，朝廷就危险了。"审食其不语，做无辜状，看着郦商，郦商继续说："如今陈平、灌婴领兵十万守荥阳，樊哙、周勃领兵二十万平定燕国、代国，如果他们听说皇帝驾崩，众将被杀，必定带兵杀进京城来，汉朝灭亡是指日可待了。"审食其心有所动，但仍然不置可否，他客客气气的送走了激动的郦商，马上把这个看法传递给吕后，吕后立刻发丧，随后大赦天下，放弃了原来的杀戮计划。

　　刘邦被葬于陕西长陵，庙号为"太祖"，谥号为"高皇帝"。十六岁的太子刘盈继皇帝位，也就是汉惠帝。

　　太子成了皇帝，自己成了皇太后，就这样结束了吗？吕太后的回答是：不。

　　她开始报复了，报复那些曾经威胁过她的人，或者可能威胁她的人。她不着急，一个一个的来，一个也没有放过。

　　吕太后在第一时间就想起了戚夫人，刘邦不在了，这个美女没了保护伞，吕太后对付她都不用费笔墨写封诏书，只是说说话，动动小手指就把戚夫人囚禁了起来。

　　吕后下令剃去戚夫人的头发，给她穿上囚服，戴上刑具，在狱中舂米。

　　舂米是个什么工作呢？

　　在汉朝时候，农民把粮食收割以后，割下谷穗来，再把谷子分离出来，就要开始舂米了。这时，先把谷子放在石头做的容器里，然后用石头或者木头杵反复上下捣，让谷子脱粒的过程。很显然，这是个力气活。

　　戚夫人一边舂米，一边自怜自伤，一边思念儿子，她唱到：

　　子为王，母为虏。

　　终日舂薄暮，常与死为伍。

　　相离三千里，当谁使告汝。

　　戚夫人的一曲悲歌很快传到了吕太后的耳朵里，她面无表情。

　　接下来吕太后要对付的就是戚夫人的儿子，当年要夺嫡的赵王刘如意。但赵王已经离开京城了，处理起来要费点儿周折。

　　这就要考验当年刘邦为赵王设置的防火墙——周昌了。

　　吕太后派使臣召赵王来长安，周昌说："赵王年纪小。我听说太后恨怨戚夫人，一定是想把赵王召进长安，然后把他杀了。臣不敢让赵王去长安。再说赵王病了，也去不了。"

　　使臣面对这位两朝老臣，也是无计可施，只好悻悻地回到长安。

吕太后再次派使臣召赵王来长安，周昌再次说赵王病了，去不了。

吕太后第三次派使臣召赵王来长安，周昌第三次说赵王病了，去不了。

吕太后知道周昌的威望和倔脾气，这么僵持下去，是不会有任何结果的，只能听到周昌的这两句车轱辘话，来回说。恐怕直到赵王头发都白了，他还是会在周昌的保护伞下安安稳稳地过日子。

吕太后心思一动，改召周昌到长安来，周昌心想，赵王不去就行，我去一趟也无妨啊，就出发了。

结果到了长安，拜见吕太后已毕，吕太后痛骂周昌："你不知道我最恨戚夫人吗？你不知道我最恨刘如意吗？你还敢让他不听我的命令？"

周昌在刘邦发怒的时候能当庭力争，如今遇到吕太后歇息底里大发作，周昌面对这蛮不讲理的女人，连气带急，一句话也说不出来了。

周昌也用不着说话了，就在他被召进京城之后，吕太后立刻派使者召赵王，不久，赵王果然来到了京城。

赵王刘如意的父亲刘邦已死，他的母亲戚夫人被囚，他的国相周昌无可奈何。眼看这个孩子就要遭殃，还有谁能救他呢？

有，只有一个人，能救刘如意，这就是他的哥哥——汉惠帝刘盈。问题是作为夺嫡的竞争对手，他会这么做吗？他可能这么做吗？他有什么理由要这么做呢？

汉惠帝是个厚道人，他以手足之情为重。当他听说母亲召赵王入京，就知道大事不好，立刻派人打探消息，等赵王刚走到长安城附近的霸上，皇帝就亲自出城迎接，把弟弟接进宫中，亲自照顾弟弟的起居饮食。

　　吕太后对这个赵王恨之入骨，必欲除之而后快，但汉惠帝看护的很周到。吕太后几次想动手，都没找到机会，只好暂时搁置了这个计划。

　　此时在刘姓的诸侯王中，以刘邦的长子，庶出的齐王刘肥的封地首屈一指，齐国成为刘邦分封的诸侯国中土地最大、人口最多的一个王国。刘肥果然是最肥的，顺便说一句，所谓"肥"也就是胖，在秦末汉初的时代，并不流行苗条，也没人减肥。反而是以肥为美的，还曾经有人因为长得肥得免一死的。这个人就是张苍。

　　张苍曾经因为犯法被判斩首，当他脱下衣服，伏在刑具上准备受刑时，正好被王陵看见，王陵发现张苍身材高大，肥硕白皙，惊叹这汉子真是个又白又胖的美男子，吃这一刀太可惜了。因此，王陵就向刘邦说情，赦免了张苍的死罪，张苍后来也曾做过刘邦的丞相。

　　任何时代恐怕都是物以稀为贵的，秦末的时候人人瘦弱，就以胖为美。现在到处都是身材圆润的人类，就以瘦为美了。

　　但是扪心自问，无论是胖瘦，真的就是让人发自内心的认为美吗？人常说制度决定的世俗的态度，也未必尽然，文化也是一个很重要的决定因素。

　　刘邦死后，齐王刘肥入朝。

　　这一天，吕太后设宴，汉惠帝和齐王一同参加宴会，汉惠帝按照家人长幼之礼，请大哥刘肥坐在上座。

　　吕太后一见，庶出的齐王居然敢坐在皇帝的上手，顿时勃然大怒。派人斟了两杯毒酒，随后命刘肥起身给自己敬酒祝寿。齐王起身，汉惠帝立刻也起来了，想要和大哥一起给太后祝寿。

　　吕太后慌了，害怕自己的亲生儿子饮下毒酒，立刻起身泼掉了汉惠帝面前的那杯毒酒。

齐王刘肥看到这个情景，明白了八九分，惊出了一身冷汗，再也不敢饮酒了，找个机会就假装醉酒逃离了宴席。

齐王回去之后，没多久就知道了事情的真相，才明白吕太后要害死自己，顿时惊惧不已。自以为自己不可能活着离开长安了。

这时，随齐王入京的官员中有一个名叫士的内史，他给刘肥出了个主意，说："太后有两个亲生子女，一个是天子，一个是鲁元公主，如今大王的齐国有70多座城池，而鲁元公主只有几座城。大王如果能把齐国境内的一个郡献给鲁元公主做封地，太后必定高兴，大王也就平安无事了。"

于是，齐王刘肥献上城阳郡。并且请求尊妹妹鲁元公主为王太后，自己将按照对待母亲的礼仪来侍奉妹妹鲁元公主。吕太后果然大喜，立刻答应了这一乱了辈分的请求，并再次设宴招待刘肥，允许齐王回到自己的封国去。

齐王刘肥用一个郡的土地换来了自己的安全和自由。

而被囚的戚夫人先是听说儿子刘如意到了长安，以为他是必死无疑了，后来又听说皇帝亲自照顾他，这才放了心。这个母亲对自己的生死荣辱都已经不考虑了，只是期盼儿子能平平安安地度过余生。

但她没想到自己儿子的结局，更没有想到自己的结局。

嫉妒和憎恨已经把吕太后点燃了，这怒火烧尽了她的人性中的善意，只剩下报复的欲望，她要让戚夫人生不如死。

第四场　刘盈什么也不想做

这年冬天，赵王刘如意遭遇了不幸。

他的哥哥汉惠帝刘盈想出去射箭，但赵王年纪小，睡了懒觉，起不来。刘盈就独自出门了，刘如意一个人继续睡觉。

吕太后已经等了很久了，她终于等来了这个机会，这个女人马上派人给刘如意灌下了毒酒。

刘盈回来以后，发现弟弟已经被毒死了。

年轻的皇帝抱着弟弟的尸体，痛不欲生。

他既痛惜自己的无力，保护不了弟弟；又痛惜自己的无奈，亲生母亲亲手杀死了弟弟。

周昌听说此事，请病假要求退休，再也不肯上朝拜见吕太后。三年之后，他也去世了。

吕太后开始对戚夫人动手了，她的作为简直令人发指。

吕太后派人砍断了戚夫人手足，剜去了她的眼睛，熏聋了她的耳朵，弄哑了她的嘴巴，把她扔到厕所里，起了个名字叫"人彘"。彘，就是猪的意思。

　　女人比男人更凶残，这个站在权力巅峰的女人多半是变态了，她已经不再把人当成人来对待了，她折磨自己的对手，在施虐的过程中释放自己的恨意。

　　吕太后没有一刻钟认为自己太残忍了，太过分了。正相反，她沉浸在自己的快乐里，这兽性的快乐。

　　她甚至特意召刘盈来看"人彘"，刘盈起初看到一个半截木头样的东西，似乎是个人，但她/他没有四肢也不会说话，不知道这是什么。

　　吕太后看出了儿子眼中的困惑，她兴奋的告诉皇帝："这就是戚夫人。"

　　刘盈失声痛哭，一病不起。对他的母亲说："这行为不是人能做出来的，我作为太后的儿子，没有脸去治理天下了。"

　　但吕太后是不会放过一个敌人的，也许我们都忘记了，戚夫人事件中还有一个角色，这就是赵尧，吕太后是不会宽恕他的。

　　过了两年，她知道了御史大夫赵尧当年给刘邦出主意的事情，知道了是赵尧提出来让周昌给刘如意做了国相，她立刻治了赵尧的罪，免去他的御史大夫一职，免去了他的江邑侯的爵位。

　　赵尧有没有被杀，已经不得而知了。但当年有恩于吕太后的周昌都曾被痛骂，齐王刘肥因为吕太后的一念之差差点儿被毒死，恐怕赵尧的命运也乐观不到哪里去了。

　　皇帝宣布罢工以后，吕太后当了汉朝的家。

　　这个喜欢强权的女人，相信杀戮能解决一切问题。

　　"六月债，还得快。"她立刻就遭到了强权的羞辱。

　　秦朝初年，大将蒙恬率10万大军北击匈奴，收复黄河以南的河套地区，修筑了万里长城防御匈奴骑兵南下。随着秦王朝的崩溃，原来驻守长城的士卒相继离开，或者南下对义军作战，或者逃回了家乡，长城防线日益空虚。匈奴越过长城，开始威胁中原王朝。

到楚汉战争的时候，冒顿单于统一了北方草原，拥有了30万以上的军队。

中原民族缺乏马匹，用步兵对付匈奴的骑兵，根本讨不到半分便宜。

打赢了，追不上骑马的敌人，只能击溃。

打败了，逃不掉，往往被全歼。

当时，韩王信（不是淮阴侯韩信，两个人名字相同，不是一个人）驻守在马邑，守护边关。这年秋天，匈奴冒顿单于率军包围了马邑，韩王信投降。

匈奴得到了韩王信，就得到了了解汉朝的一把钥匙，原来一向是抢了就跑，不深入内地的匈奴改变战术。冒顿单于率军长驱直入，进攻太原郡。

到了冬天，刘邦亲率32万大军救援。

大雪天，汉军进攻，没想到冒顿单于来势汹汹，却一触即逃。

谋士娄敬对刘邦说："两国交兵，按理说应该互相显示表现自己的长处。如今我只看见匈奴瘦小的牲畜和老弱残兵，这必定是想要示弱的假象，冒顿想引诱我军深入，以臣的看法，现在不能追击。"刘邦一听大怒，大骂娄敬："你这个来自齐国的混蛋！倚仗花言巧语骗取官职，如今竟敢胡言乱语乱我军心。"随后，下令用枷锁将刘敬囚禁起来，然后下令进攻。

汉军乘胜追击，刘邦率骑兵急进，到达平城（今山西大同市附近）后等待步兵的到来。

这时，冒顿单于率10万骑兵突然杀了个回马枪，把刘邦率领的先头部队包围在平城东的白登山。

刘邦被围了七天七夜，天寒地冻，人马都没有粮草了，眼看就要全军覆没。

随军的陈平给刘邦献计，让刘邦派使臣用厚礼贿赂单于的正妻阏氏，除金银珠宝以外还带了一幅图画。

阏氏听说有汉军的使臣，就在帐篷里召见了汉使。汉使先献上了金银珠宝，说是汉朝皇帝送给阏氏的，又取了那幅图画，说是汉朝皇帝请阏氏转给冒顿单于。

说到好奇心这件事，只要是女性，无论是农耕民族还是游牧民族都是如此，阏氏打开了图画，只见画上绘着一个绝色美女，不明白这画出来的美人有什么用意。

汉使趁机说：“汉朝皇帝被单于包围了，现在想罢兵求和。这次把金银珠宝送给阏氏，是想请您代他向单于求情，并且准备把汉朝的第一美人献给单于。因为美人现在不在军中，所以先把她的画像送来了。”

阏氏的醋意顿起：“美女我们不要。”

汉使见阏氏已经上当，就趁热打铁：“汉朝皇帝也知道把美人献给单于，恐怕使您失去单于的宠爱。但现在情况紧急，事出无奈，只得如此。”

阏氏脸色大变。

汉使继续表演：“如果阏氏能解得了白登之围，那汉朝皇帝自然会送更多的珠宝给您，就不会把美人献给单于了。”

阏氏被打动了，她说：“你回去告诉汉朝皇帝，我会做到的，放心好了。”

有些古老的办法总是很有效，枕头风就是这样，阏氏对冒顿单于说：“我听说有几十万汉军要来救援他们的皇帝了，可能明天就会赶到。”

冒顿单于说："汉朝的皇帝都被我们包围了，这个不必担心。"

阏氏接着说："现在汉朝的皇帝被困在山上，汉军自然会拼命来救。就算我们打败了汉军，夺取了城地，但我们的家是草原不是农田，马背上的民族是不可能住在城市的，我们早晚还是要回去的。这次如果杀了汉朝皇帝，汉朝会有新的皇帝来接替他的位子。如果杀不了汉朝的皇帝，等汉朝援军赶到，内外夹攻，我们就很危险了。"

冒顿单于将信将疑，正巧第二天他与韩王信的部下约定日期会和，但韩王信的部队没有按时到来。

冒顿单于韩王信有诈，便听信了阏氏的话，将包围圈打开了一个缺口。

刘邦在使臣回营后时刻注意匈奴兵的动向，发现有了机会，马上命所有士兵准备好弓箭，背朝内，脸朝外，冲出了包围圈。

刘邦逃出白登山以后，立刻赦免娄敬，封他为建信侯。

但刘邦暂时危险了，匈奴的威胁依然存在。

娄敬献计说："天下刚刚安定，士卒连年征战，需要休整，现在还不是征服匈奴的时机。冒顿单于杀死父亲，自立为单于，把父亲的妻子当做自己的妻子，又好勇斗狠，也不能靠仁义去打动他们。只有用计才能使他们的子孙永远称臣，但恐怕陛下不肯那样去做。"

"只要能让匈奴称臣，有什么不能去做的呢？究竟有什么办法？"

娄敬说："如果陛下能把鲁元公主嫁给冒顿单于，并赠送厚礼，冒顿单于鲁元公主是汉朝皇帝和皇后的亲生女儿，又得到厚礼，必定会立她为阏氏，公主生下的儿子日后必定被立为太子，将来一定会成为单于。这样的话，冒顿单于活着的时候是陛下的女婿；等他死了，匈奴的单于是陛下的外孙。外孙怎么敢和外祖父平起平坐呢？这样不必动武就收复了匈奴。"

娄敬这个主意是一系列王朝夺嫡的翻版，但他把太子党的争斗用到了国际关系的层面，以现在的角度来看，确实是个了不起的战略家。

刘邦听了娄敬的这个主意，连声叫好，准备把鲁元公主嫁给冒顿单于。

但吕后却舍不得，她哭着说："妾只生下太子和这个女儿，为什么要把她送给匈奴呢？"

刘邦顶不住吕后的眼泪，选了一名宫女冒充鲁元公主，嫁给了冒顿单于。娄敬的匈奴太子党无间道计划功亏一篑。

等到刘邦死了，冒顿单于给吕太后下书，说："太后死了丈夫，单于我死了妻子，两主不乐，无以自虞，愿以所有，易其所无。"

吕太后大怒，把众将召来商议。

她的妹夫，上将军樊哙说："臣愿意领十万人马，横行匈奴中。"

众将都知道吕太后的心意，齐声称是。

中郎将季布说："樊哙真是该死！当年汉高祖亲自率四十万人马尚且被困在白登山，现在樊哙凭什么领十万人马就横行匈奴中？这是当面胡说八道。而且秦朝和匈奴作战，导致陈胜起义。现在国家初定，樊哙这样逢迎太后，是想动摇天下啊。"

吕太后罢朝，不再讨论对匈奴的战事。

吕太后回书一封："妾身已经年纪大了，头发牙齿都落了，走路也不方便了。"然后赠与单于车马，婉言谢绝。

不是不报，时候未到。一贯信奉强权的吕太后吞下了冒顿单于送来的屈辱的果子。

就事论事，以这件事看，吕太后这位太子党的领袖虽然残忍，但还算是一个政治家，没有以自己的好恶来驱动国家机器做无意义的战争，而是以大局为重，忍了这一口气。

历史总是不断重复的，清朝的那位叶赫那拉·慈禧遇到过相似的情况，结果这位老佛爷先是"与其苟且图存，贻羞万古；孰若大张挞伐，一决雌雄。"一怒之下向全世界宣战。一败涂地之后，又"量中华之物力，结与国之欢心"。

作为汉初的这一场太子之争的参与者，戚夫人是个悲剧性的人物。

戚夫人完全是抱着过家家的态度和心思参与进来的，没有战略没有战术也没有盟友，凭着刘邦一人的宠信，想打破传位给嫡长子的规矩。

这个主意不但遭到太子党的反对，也遭到了功臣宿将的一致反对。

戚夫人仍然不思悔改，她一错再错，死抱着刘邦这一条大腿，要凭一己之力要对抗整个朝廷，连拉拉队员也不找一个。

直到夺嫡失败，戚夫人还不知道自己将面对的可怕的后果。

她不了解政治，不了解朝廷，甚至不了解吕雉。戚夫人完全是在错误的时间、错误的地点同错误的对手打了一场错误的战争。

在刘邦的态度改变之后，吕后和太子起初都处于不利地位，本来一切都无法逆转了。

但吕后发挥了全部的能量，发动了全部的人马，联系了所有能联系的人，团结了所有能够团结的力量，组成了遍布朝野的空前规模的太子党，终于扶大厦之将倾，保住了太子之位。

刘邦的态度貌似很明确，但细细分析下来，他始终很暧昧。

作为开国皇帝，他的威信是得到确认的，他的决定也必然是能够得到贯彻的，哪怕是所有人都反对他，他也有可能把赵王刘如意推上太子之位。

但刘邦一直在朝廷寻求支持，想说服群臣接受他的意见。

却从来没有明示或暗示某个大臣来当众支持他的意见。

这样的做法确实有些古怪，似乎不是在推动他的主张，而是在为他的主张找一个借口。

当他看到"商山四皓"的时候，他不可动摇的决心崩溃了，这四个老人成了压垮骆驼的最后一根稻草。

就刘如意当太子这件事，从始至终，是戚夫人和刘邦两个人的表演，一个在后宫，一个在朝廷，连个龙套演员都没有，也无人喝彩。

无情最是帝王家，在那个家国天下的时代，家事就是国事，国事就是家事。

这场夺嫡之争，在普通人家，无非是个大老婆和小老婆争家产的问题。

最坏的结果也无非是一家人打作一团，两个女人扯头发拉衣服，两个孩子互相打个乌眼青，被附近邻居拉开，由乡里的老人家才出面分了家产。

虽说双方终生都将愤愤不平，觉得对方占了老大的便宜，到街上赶集面对面怒目而视，互相咬牙撇嘴吐吐沫。可是没有性命之忧，终究是继续生活啊。

乐观一点儿的话，兄弟两人终于长大了，明白事理了，相逢一笑泯恩仇也未可知。

　　刘邦成了皇帝，这一家子都是皇亲国戚，一方得势，拥有了不受制约的权力，动用国家暴力机器来对付对手，结果输家失去生命，赢家失去亲情。

第三幕

汉文帝：等来的机遇

【汉惠帝　太子之不完全档案】

朝代：西汉

皇帝：汉惠帝　刘盈

刘恭：（？—前184年），太子，为汉惠帝与后宫美人所生。

其他皇子：后少帝刘弘　淮阳王刘强　恒山王刘不疑　恒山王刘朝　淮阳王刘武　梁王刘太

斗争：诸吕之乱

继位者：汉文帝　刘恒

第一场 吕后的杀意

吕后是未央宫的一朵奇葩，这朵奇葩的名字叫做霸王花，人人都怕她。

汉惠帝刘盈基本不上班，他还用了个基本不上班的相国，这就是平阳侯曹参。这样的不做事二人组超强组合把吕后气了个半死。

话说老相国萧何刚死，曹参还在做齐王刘肥的国相，他刚听说这个消息，就告诉家人："赶快收拾行装，我要去京城当相国了。"相国是汉朝文官之首，用金印，工资一万石。齐王的国相只是个地方官，用银印，工资两千石。两个职位的工资差五倍，级别的差距比黄河水还要宽广，顺便说一句，萧何和曹参的关系也不那么和谐。因此，这时候没有一个人能理解平阳侯的这种盲目自信。

但是没过几天，朝廷果然召曹参进京，拜他为相。原来是萧何向皇帝推荐了曹参，所谓"盖天下英雄者，所见略同"，前几年刘邦也说能代替萧何为相的只有曹参。

汉惠帝刘盈了解曹参这位老臣，在建国之初，给所有将军评定功劳的时候，曹参的军功是公认的第一，他的战绩为"凡下二国，县一百二十二；得王二人，相三人，将军六人，大莫敖（西楚霸王政权的官职）、郡守、司马、候、御史各一人。"攻城略地，斩将夺旗，算得上是一员猛将。

年轻人都有股冲劲，汉惠帝刘盈忍了慢条斯理的老相国萧何一年。起初以为用曹参这位老将为相，他必将大刀阔斧的兴利除弊，把在战场上的作风带进朝廷里。

可是，完全不是这样。在日常事务中，曹参完全继承了萧何制定的规矩，没有一丝一毫的变动。在人事任免中，曹参重用那些呆板忠厚的长者，斥退苛刻好名的官吏。把汉朝官员的平均年龄提高了好大一截，刘盈朝四下举目一看，都是些严肃木讷白发苍苍的老人家。

这还不算，尤其让刘盈恼火的是曹参经常聚众饮酒，而且是不醉不归。凡是想到曹家来询问公事的人，都是被曹参灌醉以后，然后抬回家去的。曹相国从来没在家处理过任何正事。

汉惠帝刘盈受不了了，他给曹老相国一个面子，没有当面斥责他，而是通过曹参做中大夫的儿子曹窋传话。谁知道，曹窋回家刚刚转述了皇帝的话，就被爸爸用竹板子痛打一顿。

到了曹参上朝的时候，汉惠帝刘盈指责曹参："为什么要处罚曹窋呢？是朕让他劝谏你的。"曹参先摘下帽子谢罪，然后说："陛下自己觉得您和高皇帝比哪一个更英明神武"汉惠帝一听曹参提到了自己的父亲，连忙说："朕怎么敢和先帝比呢！"曹参又说："陛下看我的能力和老相国萧何比，哪一个更强"汉惠帝说："你好像比不上萧何吧。"曹参说："陛下说得对。何况高皇帝和萧何已经平定了天下，颁布了法令，现在陛下无为而治，臣恪守职守，遵循上一代的法令来治理国家，不也可以吗？"汉惠帝说："好，朕知道了，相国回去休息吧。"

吕太后是那种特别能战斗的人，在政务插不上手的时候，她主动出击，没事找事，给自己的儿子找皇后。吕太后此人，不相信任何人，只相信自己家的亲戚，血统越接近，她就越信任。结果，她找的这位姑娘，和皇帝是亲上加亲，就是吕太后的外孙女，她亲生女儿鲁元公主的女儿，也就是皇帝的亲外甥女，年方十三，芳名张嫣。汉惠帝一听，晕了，这都是一家人，还是自己的晚辈，算是怎么回事啊？坚决反对。

但汉惠帝的胳膊拗不过吕太后的大腿，皇帝被逼无奈，从了。这一对汉朝第一夫妻开始了一段哀怨阴郁的婚姻，张嫣入了宫，幸福却被关在了外面，皇帝和皇后始终没有自己的孩子。

汉惠帝无为而治了三年，曹参萧规曹随了三年。三年之后，曹参死了。吕太后按照刘邦当年的意见，不再安排独相，而是搞了个绝配，任特别倔强的安国侯王陵为右丞相，特别圆滑的曲逆侯陈平为左丞相。

又过了一年，齐王刘肥也死了，这位刘家庶出的长子，一辈子小心谨慎地伺候自己的后妈，终于可以不必再提放暗箭和毒酒了。对于他来说，真是"生为徭役，死为休息"。

公元前188年，汉惠帝刘盈驾崩，年仅23岁。

入土为安，按照道理来说这位郁闷的天子也该解脱了。

事实并非如此。

给汉惠帝发丧的那一天，吕太后嚎哭不已，但是声音很大，眼泪很少。

许多人表示非常不理解，皇帝是太后唯一的亲生的儿子。大家想象中太后必然悲痛欲绝，怎么会哀而不伤呢？

张良的儿子张辟疆年仅十五岁，担任侍中一职。他对丞相陈平说："太后只有皇帝一个儿子，现在皇帝驾崩了，太后虽然哭泣，但是并不悲痛，您知道是怎么回事吗？"

陈平也很纳闷，他说："这是为什么呢"

张辟疆说："皇帝驾崩了，但是他并没有成年的儿子，太后担心大臣和将领们有异心。"

陈平一听，就想起来汉高祖刘邦驾崩的时候，吕后秘不发丧，准备杀掉全部将军的计划了。上次有郦商劝说，才把一场弥天大祸化为无形。这次如何应付呢？陈平越想越是恐惧，不由得出了一身冷汗。

张辟疆一看陈平脸色惨白，知道刚才的话已经打动了右丞相，他要抓住这个机会，在右丞相面前表现一下自己的才华。他继续说："丞相莫急，我有一计可以破解这个死棋，请您提出拜太后的亲戚吕台、吕产、吕禄为将，指挥京城和宫城的士卒，并且调到中央来工作。这样一来，太后就不再疑虑了，也就不会有什么非常的举动了。"

果然，在随后的会议上，吕太后准备封自家的几个亲戚为王。

右丞相王陵坚决反对，说当年汉高祖刘邦杀白马为誓，"非刘氏而王，天下共击之"。

左丞相陈平却表示支持，说当年汉高祖刘邦杀白马为誓，非刘姓者不得封王，此事不假。但当时是汉高祖刘邦为皇帝，所以只有刘姓可以封王。如今是吕太后当朝，所以吕氏自然可以封王。

其他人纷纷表示同意。

散会以后，王陵指责投赞成票的大臣，说："当初汉高祖立誓的时候，你们难道不在现场吗？现在汉高祖已经驾崩了，太后想封吕氏为王，你们要背弃当年的誓言，有何面目去见汉高祖啊？"

陈平说："在朝廷上反对太后，我不如你。可是让安定刘氏的天下，你也不如我。"

王陵看陈平如此狡辩，倔脾气大发作，一张老脸青一阵紫一阵，成千上万句话一起涌到嘴里来，却一句也说不出来。

不久，吕太后罢王陵相位，改任他为皇帝太傅，王陵愤怒已极，称病不出。

陈平升为右丞相，吕太后的老熟人辟阳侯审食其任左丞相。吕太后知道审食其没有执政的才能，就别出心裁，让左丞相不理朝政，只管宫廷的事。陈平成了实际上的独相，一人之下，万人之上。

大局已定，吕太后放下心来，开始专心处理儿子的丧事。首先是认认真真地哭了一场，哭得真痛苦又真舒服，随后大赦天下，将汉惠帝刘盈葬于安陵。

安陵，位于陕西省咸阳市城东18公里的韩家湾乡白庙村，陵园东西长940米，南北长840米，面积近80万平方米，面积之大为西汉皇陵之冠，可见规制极高。

但是，在安陵周围陪伴天子的都是让他继续郁闷的家人，有外甥女兼皇后张嫣墓，还有姐姐兼岳母鲁元公主墓。

葬礼办了，谁来继位呢？

吕太后杀了个后宫的美人，然后，说美人的儿子是张皇后所生，经她认定，这个孩子是汉惠帝刘盈的嫡长子，先是立为太子，随后即位，这就是前少帝刘恭。吕太后升级为吕太皇太后。

皇帝年纪太小，吕太皇太后临朝称制，成为官方认定的假命天子。

吕太皇太后称制以后办的第一件大事，就是要封吕氏为王，她先虚晃一枪，封了汉惠帝刘盈的几个儿子，其中刘彊为淮阳王，刘不疑为常山王，刘山为襄城侯，刘朝为轵侯，刘武为壶关侯。

不久又将几个孩子的侯爵升为王。

安排了刘家的子弟以后，算是做了铺垫，随后开始大封吕氏。

吕太皇太后先追尊父吕公为吕宣王，后封侄子吕台、吕产、吕禄，以及吕台的儿子吕通四人为王，同时封吕家的六人为列侯，及诸侯丞相五人。

吕太皇太后这种作风，所谓的把持朝政，其实跟普通家庭妇女在家里作威作福完全一样，就是相信娘家人，以把婆家所有的东西都弄到娘家为己任。

这样的太皇太后跟普通家庭主妇唯一的区别仅仅在于他的丈夫、儿子是皇帝，其他的没什么两样。

以后的故事么，有首元曲写道：

沛公，《大风》，也得文章用。

却教猛士叹良弓，多了游运梦。

驾驭英雄，能擒能纵，无人出彀中。

后宫，外宗，险把炎刘并。

没有三十年不漏的大瓦房。

没过几年，小皇帝刘恭知道自己的生母并非张太后，又知道自己的生母被吕太皇太后害死了。小皇帝口无遮拦，说"太后杀了我妈立我为帝，我现在还小，等我长大了，一定要报这个仇"。结果上午发了牢骚，下午就被囚禁起来。

囚禁小皇帝的地方就是当年戚夫人舂米的所在。

随后吕太皇太后下诏："凡有天下治万民者，盖之如天，容之如地；上有欢心以使百姓，百姓欣然以事其上，欢欣交通而天下治。今皇帝疾久不已，乃失惑昏乱，不能继嗣奉宗庙，守祭祀，不可属天下。其议代之。"说皇帝久病不愈，胡作非为，建议废掉，另立明主。

大臣们都知道吕太皇太后的小心眼，也知道吕太皇太后的铁手腕，都表示毫无疑义，一致表示愿听太后的吩咐。

结果，前少帝刘恭被废，不久被杀。

吕太皇太后看中了汉惠帝刘盈的另一个儿子——襄城侯刘山，刘山先是接替早夭的刘不疑为常山王，并改名刘义，随后又改名刘弘，被吕太皇太后立为皇帝，这就是后少帝。

又是一个小皇帝，吕太皇太后继续临朝称制，继续做她的假命天子。

不久，又一个赵王倒霉了，这就是接替了刘如意的赵王位置的刘友。

刘友娶了吕太皇太后的侄女为妻，但夫妻两人的关系不好，这位吕家娘子一怒之下，到吕太皇太后那里给赵王穿小鞋，说赵王曾经表示"吕氏不能封王，太后百年之后，我必定收拾这些家伙。"

这位吕家娘子就是电视剧里常见的蠢女人，完全没有家的概念，完全是胡来，只觉得"刻骨铭心就这样的被你一笑而过，心碎千百遍任谁也无法承担，想安慰自己没有语言，"她这么做只图解气，完全不顾丈夫的安危，甚至也没有考虑的自己的情况。

在那个年代，丈夫就是一家之主，他再没良心，再"伤害了你还一笑而过"，也是一家之主。只有休妻，没有离婚。斗倒了他，家就散了，家散了，你到哪座庙去做女主人呢？

吕太皇太后对侄女的幸福不感兴趣，她感兴趣的是赵王的话，盛怒之下，下诏召赵王入京。

赵王来了以后，吕太皇太后派兵士包围了他的住处，不给他饭吃。

赵王饿极了，唱道："诸吕用事兮刘氏危，迫胁王侯兮彊授我妃。我妃既妒兮诬我以恶，谗女乱国兮上曾不寤。我无忠臣兮何故弃国？自决中野兮苍天举直！"

顺便提一句，刘邦原是楚人，喜欢唱楚歌，这也成了刘氏家族的传统。刘邦的《大风歌》，戚夫人的舂米歌，赵王的饿饭歌，都是楚歌。

没过几天，赵王刘友饿得一命呜呼，吕太皇太后把他以平民的规格掩埋了。

就这样，第二个赵王被吕太皇太后驱赶到了人生的尽头。

第二场　陈平、周勃开始行动

　　吕太皇太后除掉了赵王，再接再厉，封侄子吕产为相国，封侄子吕禄为上将军。政权、军权一把抓。

　　如果汉朝的朝廷是一副象棋的话，棋盘九宫格里老将旁边的士和相都姓吕了。

　　这年2月，吕太皇太后调梁王刘恢为赵王，刘恢一听就浑身不自在。且不说梁国比赵国更富庶，就是赵王这个相当不吉利的头衔，足够让人噤若寒蝉了。

　　但太后有令，相当于特快专递的圣旨，谁敢违抗啊？

　　赵王刘恢别别扭扭的到了赵国，正在每天郁闷，自叹倒霉的时候，更让他郁闷的人来了。

　　吕太皇太后将"亲上加亲"的政策进行到底，给赵王刘恢指定了王后，这就是当朝相国，吕太皇太后的侄子吕产的女儿。

　　赵王后不愧是吕家的姑娘，她一个人嫁到了赵国来，整个王宫焕然一新，宫里上上下下都换成了她带来的娘家人。

　　赵王后一脚把赵王踹到外面去，开始了自己的幸福时光，每日里在赵国飞扬跋扈，一手遮天。

赵王刘恢无可奈何，继续郁闷，每日里和爱姬饮酒玩乐，醉生梦死。

不嫉妒的姑娘不是吕家的姑娘，赵王后以姑奶奶吕太皇太后为榜样，一杯毒酒害死了赵王刘恢的爱姬。

赵王刘恢失去了唯一的知心人，他的心坠入最黑暗的空间，无法自拔。思前想后，了无生趣。于是自杀。

吕太皇太后听说第三个赵王又死了，照例追加处罚，不许赵王刘恢的后代继承王位。

一次，两次，三次，赵王的头衔正式成为汉朝公认的恐怖王冠上的一颗明珠。

那么谁来做第四个赵王呢？

吕太皇太后想到了长城边上的代王刘恒，随即派使臣通知代王，代王刘恒接到这个消息，如坐针毡。考虑再三，不敢去接受这个任命，硬顶是行不通的，他选择了围魏救赵的曲线策略，上书吕太皇太后，表示愿意一辈子扎根边疆，子子孙孙世世代代为太后驻守边防。

这一番言辞真诚恳切，情绪感人，如果代王刘恒知道《小白杨》的歌词，一定会给吕太皇太后演唱一曲的。

试想这一幕，代王刘恒站在未央宫内，双目含泪，给吕太皇太后敬酒祝寿之后，强忍悲痛的唱到：

一棵呀小白杨，长在长城旁。

根儿深，干儿壮，守望着北疆。

微风吹，吹得绿叶沙沙响罗喂。

太阳照得绿叶闪银光。

来，来来来，来，来来来来来。

小白杨，小白杨。

它长我也长。

同我一起守边防。

当初呀离家乡，告别未央宫。

太后送树苗，对我轻轻讲。

带着它，亲人嘱托记心上罗喂。

栽下它，就当故乡在身旁。

来，来来来，来，来来来来来。

小白杨，小白杨。

也穿绿军装。

同我一起守边防。

来，来来来，来，来来来来来。

小白杨，小白杨。

同我一起守边防。

一起守边防！

吕太皇太后被打动了，她改立侄子吕禄为赵王，并追尊自己的哥哥为赵昭王。

眼看吕家气焰熏天，刘邦的旧臣嘴里不说，心中不满，但怒而不敢言。

旁人不说，刘邦的子弟还有一口英雄气在，这就是朱虚侯刘章。他是刘邦的庶长子齐王刘肥的儿子，今年二十岁。顺便说一句，本着"亲上加亲"的吕太皇太后做媒守则，刘章娶的是赵王吕禄的女儿。

有一次，吕太皇太后举行宴会，指定刘章监酒。

监酒这回事，虽是游戏，但在古代也是极认真的。

例如《红楼梦》中贾母摆宴，由丫头鸳鸯监酒行令，文中写道：

大家坐定，贾母先笑道："咱们先吃两杯，今日也行一令才有意思。"薛姨妈等笑道："老太太自然有好酒令，我们如何会呢，安心要我们醉了。我们都多吃两杯就有了。"贾母笑道："姨太太今儿也过谦起来，想是厌我老了。"薛姨妈笑道："不是谦，只怕行不上来倒是笑话了。"王夫人忙笑道："便说不上来，就便多吃一杯酒，醉了睡觉去，还有谁笑话咱们不成。"薛姨妈点头笑道："依令。老太太到底吃一杯令酒才是。"贾母笑道："这个自然。"说着便吃了一杯。

凤姐儿忙走至当地，笑道："既行令，还叫鸳鸯姐姐来行更好。"众人都知贾母所行之令必得鸳鸯提着，故听了这话，都说"很是"。凤姐儿便拉了鸳鸯过来。王夫人笑道："既在令内，没有站着的理。"回头命小丫头子："端一张椅子，放在你二位奶奶的席上。"鸳鸯也半推半就，谢了坐，便坐下，也吃了一钟酒，笑道："酒令大如军令，不论尊卑，惟我是主。违了我的话，是要受罚的。"王夫人等都笑道："一定如此，快些说来。"鸳鸯未开口，刘姥姥便下了席，摆手道："别这样捉弄人家，我家去了。"众人都笑道："这却使不得。"鸳鸯喝令小丫头子们："拉上席去！"小丫头子们也笑着，果然拉入席中。刘姥姥只叫"饶了我罢！"鸳鸯道："再多言的罚一壶。"刘姥姥方住了声。鸳鸯道："如今我说骨牌副儿，从老太太起，顺领说下去，至刘姥姥止。比如我说一副儿，将这三张牌拆开，先说头一张，次说第二张，再说第三张，说完了，合成这一副儿的名字。无论诗词歌赋，成语俗话，比上一句，都要叶韵。错了的罚一杯。"众人笑道："这个令好，就说出来。"

这只是家宴，监酒的虽是权力在手，但处罚的限度是"罚酒一杯"。可是，一旦是正式宴会，气派又有不同了，《三国演义》里东吴大都督周瑜摆宴，命太史慈监酒，如有违抗，"即斩之"。

　　干葛巾布袍，驾一只小舟，径到周瑜寨中，命传报："故人蒋干相访。"周瑜正在帐中议事，闻将干至，笑谓诸将曰："说客至矣！"遂与众将附耳低言，如此如此。众皆应命而去。瑜整衣冠，引从者数百，皆锦衣花帽，前后簇拥而出。蒋干引一青衣小童，昂然而来。瑜拜迎之。干曰："公瑾别来无恙！"瑜曰："子翼良苦：远涉江湖，为曹氏作说客耶？"干愕然曰："吾久别足下，特来叙旧，奈何疑我作说客也？"瑜笑曰："吾虽不及师旷之聪，闻弦歌而知雅意。"干曰："足下待故人如此，便请告退。"瑜笑而挽其臂曰："吾但恐兄为曹氏作说客耳。既无此心，何速去也？"遂同入帐。

　　叙礼毕，坐定，即传令悉召江左英杰与子翼相见。须臾，文官武将，各穿锦衣；帐下偏裨将校，都披银铠：分两行而入。瑜都教相见毕，就列于两傍而坐。大张筵席，奏军中得胜之乐，轮换行酒。瑜告众官曰："此吾同窗契友也。虽从江北到此，却不是曹家说客。公等勿疑。"遂解佩剑付太史慈曰："公可佩我剑作监酒：今日宴饮，但叙朋友交情；如有提起曹操与东吴军旅之事者，即斩之！"太史慈应诺，按剑坐于席上。蒋干惊愕，不敢多言。

　　刘章已经忍耐了很久，但他空有个朱虚侯的爵位，却无权无职，不得施展。

　　这回正想借此良机，出一口恶气。

　　在刘章的心里，这时候，做什么已经不重要了。重要的是，一定要做出个样子，让吕太皇太后看看。让她知道，刘家还有人不惧怕她的权威。

但刘章不是个鲁莽的人，他动作之前，要有所设计。

刘章对吕太皇太后说："我是将门之后，请允许我按军法来监酒。"

真是见鬼了，他爹是齐王，他爷爷是皇帝汉高祖，他太爷是农民刘太公，他怎么没改户口就成了将门之后的？

吕太皇太后答应了。

酒过三巡，气氛越来越热烈，

刘章趁热打铁，他离席向太后跪拜，主动要求要给吕太皇太后唱个《耕田歌》，以助酒兴，吕太皇太后又答应了。

吕氏子弟哄堂大笑，说："我们都晓得你爸爸特别熟悉农家活，恐怕你也被从小教了些种地的本事吧。如果你生下来就是王子，还能知道种田这回事吗？"

刘章唱道："深耕穊种，立苗欲疏；非其种者，锄而去之。"

这首歌大意是：耕田要耕得深，种苗要栽得疏；不是满意的种子，就要把它锄掉。

表面是首农耕的歌谣，但言词里对吕氏的不满，暗藏其中。

众人一听，都为刘章担心。这么挑战吕太皇太后的耐心，朱虚侯刘章肯定是自讨没趣了。

但吕太皇太后今天确实很高兴，只是皱了皱眉，撇撇嘴，没有发作。

刘章全力一击，吕太皇太后却没有反应。

他心有不甘，要另找由头，大闹一场了。

酒宴冷场片刻，继续进行。

不一会儿，有个吕家子弟喝醉了，不告而别。

刘章闻报，立刻追上去，一剑砍了此人的头。

刘章并不逃走，他回到宴会向吕太皇太后禀告，说有个吕家子弟违令逃席，已被自己杀了。

十多年了，刘邦死后，吕太皇太后又一次看到了刘家人的血性。

吕太皇太后想起刘章的父亲齐王刘肥，这个谨小慎微的庶子，一辈子小心翼翼，才得善终。没料到他居然有刘章这样的儿子。

吕太皇太后从刘章的行为，隐约看到了刘章背后的一批刘氏亲族和刘邦的旧臣。

她心有所动，告诫自己，需要重新审视一下刘氏隐藏的实力了。

心念于此，吕太皇太后没有处置刘章，触怒吕太皇太后，而没有被处罚，这是前所未有的第一次。

这是雨夜中的一道闪电，让人在一瞬间看清天地的轮廓，在滂沱的大雨中，依稀认出回家的路。

刘章凭借自己非凡的勇气，隐然成为刘氏亲族的精神领袖。

在吕太皇太后执政的第八个年头的一天，她照例去斋戒沐浴除灾求福。

祈福的开始和过程都很顺利，但是回宫的路上出事了。

经过轵道这个地方的时候，突然出现一只动物，形似灰狗，向吕太皇太后的腋窝猛扑过来，众人惊呼阻止，可是这只动物转眼间就消失了。

吕太皇太后受此惊吓，神思恍惚，回宫后立刻找人来占卜。

卜者也是匪夷所思，不知其所以然，只好找了个理由来搪塞，称："这是赵王的缘故。"

吕太皇太后追问："是哪个赵王？"

卜者见忽悠战术初步成功，就顺水推舟："是赵王刘如意。"

这一下击中吕太皇太后的旧心事，她的疑惑消失了，但是得了新心病。从此，吕太皇太后的腋窝病痛不止。

吕太皇太后的身心都受到打击，她自知难以幸免。

为了确保吕氏一门的平安，她再次册封吕氏，这次册封没有爵位的虚名，而是军权。

汉初守卫皇宫和京师的卫戍部队分为南军和北军两支。

南军负责殿外宫墙内的警卫，军营在长安城内南面的未央宫。

北军负责守卫京师，军营在长安城内的北部。

她命相国梁王吕产统领南军，上将军赵王吕禄统领北军。

又封吕禄的女儿做了后少帝刘弘的皇后。

吕太皇太后安排这些的时候，忘记了刘邦说过的话，刘邦曾告诉她"周勃虽然不怎么读书，但是很稳重，能保全刘氏的江山，周勃可以做太尉。"

这时候太尉周勃正在和丞相陈平密谋，准备推倒吕氏，恢复大汉刘氏的天下。

第三场　薄氏服从天意的安排

这一年的秋天，吕太皇太后崩于未央宫。

伟大的反秦暴政革命家、政治家、著名社会活动家，坚定的"亲上加亲"拥护者，汉朝的卓越领导人，中国妇女运动的先驱吕雉因病于公元前180年在长安逝世，享年61岁。吕太后祖籍砀郡单父，20岁时被嫁给时任秦国泗水郡泗水亭长刘邦。汉朝成立后，吕雉曾任皇后、皇太后和太皇太后等职。在她执政期间期间，吕雉同匈奴反汉朝军事集团进行了坚决的斗争。

吕雉还长期从事国际友好活动，会见过来自世界几十个国家的使者。汉惠帝退出领导岗位后，吕雉时刻关心汉朝的建设事业。她是中国历史上有记载的第一位皇后、皇太后和太皇太后。

生前，吕太皇太后叮嘱亲属说："现在我们吕氏掌权，大臣们心里都不服气。我死了以后，你们一定要带领军队严守宫廷，不要去送殡，以免被人暗算。"

吕太后死后，后少帝刘弘还是个名义上的皇帝，政权、兵权都在吕产、吕禄手里。所谓恐惧导致攻击，他们越想越觉得大臣和诸侯王可能对吕氏不利，越想越怕，越怕就越想发动政变，先发制人，但是一时没找到合适的机会。

眼看汉朝就要发生一场天翻地覆的内乱。

在这个千钧一发的时候，吕太皇太后的"亲上加亲"的策略发挥了作用。但是，很遗憾，这次发挥了反作用。朱虚侯刘章的正妻是上将军吕禄的女儿，这个吕家的娘子有点儿另类，她把吕氏准备政变的事情告诉了刘章。

刘章一听，大吃一惊。可是吃惊之后只能继续吃惊，没有办法可想。

自己手下就这么十几个人，七八条枪。其余大臣都匍匐在吕太皇太后脚下十几年了，纷纷表过忠心，态度暧昧。在这紧要关头，没有人可以信任啊。

刘章想到了一个人，就是现在的齐王，自己的哥哥刘襄。

刘章派人通知齐王刘襄，约他从齐国发兵打进长安，并约定，待平定吕氏之后拥立刘襄为帝。

齐王得到这样的消息，受到皇位和复仇的双重刺激，立刻召集舅父驷钧、郎中令祝午、中尉魏勃密谋发兵。

齐国国相召平探知齐王准备调兵的消息，马上派兵包围了齐王王宫。

眼看齐王刘襄的称帝计划就要被掐死在摇篮里，中尉魏勃出动，他利用还没有自己还没有暴露的机会，向召平毛遂自荐，说："齐王准备发兵，却没有虎符，这是违反国家制度的。现在国相包围了王宫，确实英明。请让我来替您分忧，由我来亲自带领兵马来解决齐王的叛乱。"

召平一想，魏勃是中尉，本来就是军官，带兵这种事情比自己更专业，态度又这么谦恭，让他表现一下也行，于是把兵权移交给魏勃。

不料魏勃前一分钟掌握了兵权，后一分钟就包围了召平的相府。

召平后悔莫及，"哎！这真是'当断不断，反受其乱'啊。"于是自杀。

齐王刘襄解决了齐国国相召平，马上以驷钧为相，魏勃为将军，祝午为内史，发动齐国全部人马向长安进发。

齐王刘襄认为吕氏有南军北军的军权，实力非同小可，齐国的力量恐怕未必够用，派内史祝午去联合附近的琅琊王刘泽。刘泽是汉高祖刘邦的远支堂兄弟，是目前刘氏宗族中年龄最大的，他是凭军功当上将军封的爵位，他的妻子是吕媭的女儿，即吕太皇太后的外甥女。

但齐王刘襄的动机不纯，他有自己的小算盘，临行前，他对祝午面授机宜，要如此这般这般如此。

祝午到了琅琊国，对琅琊王刘泽说："吕氏家族要发动叛乱，齐王准备发兵讨伐。齐王是大王的晚辈，年纪小，也不懂军事，希望把齐国兵马都由大王来指挥。大王从高祖起兵时就是将军，熟悉军事战略。齐王目前不敢离开军队，所以派臣来请大王到临菑去商议大事，然后率领齐国兵马平定吕氏之乱。"

琅琊王刘泽将军出身，肚子里有兵法，没心机，自我感觉良好，觉得统兵平定吕氏本来就非我莫属啊。立即乘快马去见齐王刘襄。琅琊王刘泽刚到齐王刘襄的驻地，就被软禁起来。

琅琊国的军队被齐王刘襄吞并。

琅琊王刘泽被软禁后，憋出一计来，他对齐王刘襄说："你的父亲原齐王刘肥是汉高祖的长子，那么按照这个血统关系，大王您就是汉高祖的嫡子长孙，应当继皇帝位。现在吕太皇太后已死，大臣们正在讨论要废掉小皇帝，我刘泽是刘氏中年纪最大的，大臣们必然等待我去决定这件大事。现在大王把我留在这里也没有用处，不如派我去长安商议大事。"

齐王刘襄的小算盘这时候已经不够用了，他只算自己的账，不算别人的账，完全忘了自己刚刚软禁了刘泽，反而认为琅琊王刘泽说得对，立刻车马送刘泽去长安。

刘泽走后，齐王刘襄随后率领齐国和琅琊国的军队向长安进发。

听说齐王已经起兵，相国吕产派颍阴侯灌婴率军平叛。

灌婴是布贩出身，年纪很小就参加了汉军，战功赫赫。曾率部十六次击破敌军，攻克城池四十六座，平定过一个诸侯国、两个郡、五十二个县，俘获将军二人，柱国、相国各一人，二千石的官吏十人。

用灌婴对付齐王，看来是杀鸡用牛刀，万无一失了。

但灌婴在军事技术上没问题，在政治思想上是靠不住的。

灌婴军刚走到荥阳，就停住不动了。

灌婴对部下说："现在吕氏统率南军北军，想夺取刘家天下。如果我军向齐王进攻，就是帮助吕氏的叛乱。"

众将纷纷赞同，灌婴就原地按兵不动，另派密使通知齐王，要他联络各地诸侯，等待时机成熟，共同起兵讨伐吕氏。齐王接到消息，依计而行，兵马也暂时停止进攻了。

吕禄、吕产知道了灌婴军的异动，一时犹豫未决。认为当前还没有确切证据证明灌婴通齐，如果此时讨伐灌婴，会逼反了他。讨论来讨论去，决定等等再说，等灌婴和齐王联合一处了，再一举全歼。

太尉周勃和丞相陈平也知道了吕氏要发动政变的消息，但他们也没有军权，空有想法，没有一兵一卒。

他们想到了郦商，就是那位在曾劝说吕后放弃杀戮计划的郦商将军。

郦商又老又病，似乎在战场上派不上用场了。但是他的儿子郦寄和上将军赵王吕禄是好朋友。

太尉周勃和丞相陈平劫持了郦商，胁迫郦寄去劝说吕禄："汉高祖与吕后共定天下，刘氏所立九王，吕氏所立三王，都是大臣们议论过的，已经昭告天下，大臣都没有意见。如今太皇太后死了，皇帝年纪很小，您虽是上将军，但也被封为赵王，不去封地却留在长安统领兵马，大臣和诸侯难免怀疑您，这对您十分不利。如果您把兵权交给太尉周勃，回到自己封地赵国去，齐国的兵自然就会撤退，大臣们也就安心了。"

吕禄从听说齐国兵马出发那一天，就感觉到四面八方都是敌人，早就方寸已乱。

如今他听了郦寄的话，一想到自己去做赵王，既能荣华富贵，又能平平安安，何乐而不为呢？

吕禄很想自作主张，马上把北军统帅的大印交给太尉周勃掌管。

但是考虑来考虑去，得不出结论。

吕禄把郦寄的主意通报了吕氏家族，大家讨论来讨论去，议论纷纷，但是还是得不出结论。

这个消息传到了吕太皇太后的妹妹吕嬃那里，吕嬃对这个饭桶的侄子愤怒已极，当面怒斥："如果你放弃了兵权，吕家要死无葬身之地啊！"命家人取出全部珠宝玉器扔在堂上，说："不用在为外人守着这些东西了。"

但吕嬃的愤怒白费了，吕禄对着满地的珠宝叹息了一番，对郦斯底里的姑姑很是不理解，想劝说一下，不知道说什么才好。干脆，眼不见心不烦，打猎散心去了。

这天，郎中令贾寿从齐国回来，他对相国吕产说："相国也是梁王，受封之后没有去封地，现在想去也去不了了。"然后报告了他所探知的前线的情形，灌婴已经和齐国联合，其他诸侯也已经蠢蠢欲动。

曹参的儿子平阳侯曹窋在旁边听说这件事，飞马而出，报告了太尉周勃和丞相陈平。

两人再次胁迫郦寄游说上将军赵王吕禄："皇帝派太尉周勃统领北军，希望上将军马上移交兵权。不然就要大祸临头了。"

这次吕禄屈服了，他虽在高位，是上将军是赵王，但是内心的软弱驱使他服从命运的安排，去赵国，离开长安城这个是非之地。于是他交出了将印。

周勃拿到了北军统帅的大印，骑快马赶到北军军营。

他召集全军将士，公开讲话："现在吕氏想夺刘氏的权，你们看该怎么办？愿意帮助吕氏的袒露右臂，愿意帮助刘氏的袒露左臂。"

北军全军左袒，支持刘氏。

北军已定，南军未平。

相国梁王吕产还不知道吕禄已经放弃了北军的指挥权，他要一意孤行了，要率领军士准备杀入未央宫。

丞相陈平听说此事，马上通知未央宫的卫尉阻止吕产入宫，同时召集朱虚侯刘章来共谋大事，刘章一听情况危急，吕产可能要劫持皇帝。

刘章马上从周勃部下的北军调来千余名军士，杀奔未央宫。

此时，吕产被卫尉阻止，进不了未央宫，正在宫外走来走去的郁闷不已。

刘章立即率军攻击吕产所部，这时突然起了大风，吕产部下人马仓皇逃走。

刘章采用"擒贼先擒王"的战术，拼命追赶吕产。吕产慌不择路，逃到郎中府吏舍厕所中，被杀死。

随后，周勃率北军出马，自吕嬃、吕禄开始，吕氏一门无论老少全部杀死。

顷刻之间，所谓"诸吕之乱"被平定。

没过几天，长城边的代王刘恒接到长安的来信，只写邀他进京，其余内容皆无。

代王刘恒一时难以抉择，大臣们也莫衷一是，刘恒于是禀告母亲薄氏。

薄氏说此事确实难以决定，不如我们听从天意的安排吧，随后让人来占卜。

卜者得一兆，"大横庚庚，余为天王，夏启以光。"

代王刘恒不解："寡人已经是王了，如何又能称王？"

卜者说："所谓天王者，乃天子也。"

第四场　刘恒改变国家的命运

得到这吉兆之后，薄氏和刘恒都得到了心理的某种卫护，踏实多了。

从这个角度来看，卜者也好，相士也好，都是中国古代的心理医生。现在的心理医生靠科学的逻辑和医药来医治人们的心理疾病，古代的心理医生靠天命的逻辑和各种神秘的道具来安慰人们的心灵。

代王刘恒派舅父薄昭进京拜会太尉周勃，周勃说是要迎立代王为帝。

薄昭回来禀报代王刘恒，说："此事确定无疑，朝臣是要迎大王为帝。"

那么，这到底是怎么回事呢？

现在皇帝的位置坐着后少帝刘弘，后来朱虚侯等人要拥立齐王刘襄，为什么又要迎立代王刘恒呢？

原来，平定"诸吕之乱"以后，大臣和将军们都不了解后少帝刘弘的态度，但推测刘弘自幼由吕太皇太后抚养，又被扶上帝位，心中难免对吕氏有所感激。

等刘弘亲政，此时此刻的一群参与平定"吕氏之乱"的人，恐怕人人都性命难保。

干脆一不做二不休，不如废了小皇帝，改立新君。

这个念头一说出来，立刻成为大家的公认，得到公认后，又成为大家一致认定的事实。

大臣们议论："从前吕太后所立皇上根本不是汉惠帝的儿子。现在我们灭了吕氏，让这种冒充的太子继续当皇帝，等他长大了必是吕氏一党，不如在刘氏诸王中推一个最贤明的立为皇帝。"

那么，立谁为帝呢？

大臣们分为两派。

一派以陈平、周勃、刘章为首，想立齐王刘襄为帝。

说："齐王是汉高祖的长孙，当立齐王为帝。"

一派以刚赶到长安的琅琊王刘泽为首，想立代王刘恒为帝。

琅琊王刘泽说："齐王的舅父驷钧，为人凶残暴戾，就是一头戴着官帽的老虎。国家刚刚平定诸吕之乱，如果立齐王为天子，就等于是造就了一个新的诸吕。而代王刘恒是汉高祖的亲生儿子，仁孝宽厚，今又幸存，而且年纪最长。同时代王的母亲薄氏性格温和，恭谨良善。代王刘恒作为汉高祖之子继皇帝位顺理成章。"

大臣们思忖，代王刘恒母子确实待人宽厚，众人必定没有生命之忧，他称帝之后，也必定不会威胁到众人的利益，就纷纷赞成。

但大臣们都赞成了，各地诸侯不知道是个什么态度。为避免再生波折，他们决定先给代王刘恒去信，待他来长安后，大家立他为帝，随后再公布天下。

同时由朱虚侯刘章去会见齐王刘襄，将平定"诸吕之乱"的前因后果通报齐王，让刘襄罢兵回国。

齐王刘襄万没想到，自己的皇帝梦是镜花水月一场空，这其中的关键人物居然是琅琊王刘泽。但木已成舟，也是无可奈何，只得收兵回国。

代王刘恒确定消息以后，想起刚收到邀他入京的信的时候，大臣们的争论。

郎中令张武等说："现在朝中的大臣都是汉高祖时期的将军，熟知兵法，好谋多诈。本来就有不臣之心，不过是畏惧汉高祖和吕太皇太后罢了。如今，诸吕之乱已平。现在迎大王进京，不可不防。大王不如称病辞谢，以免有变。"

中尉宋昌说："你们说得不对。一、秦失其鹿，天下共逐之。人人自以为舍我其谁，最后是刘氏做了天子。二、汉高祖分封刘氏诸侯，国家政权坚如磐石，天下人都畏服已久。三、汉朝建立以后，废除秦朝暴政，制订法令，广施恩德，天下人人自安，统治地位难以动摇。当初吕太皇太后把持朝政，违反汉高祖的白马之盟，封吕氏为王，气焰熏天。但是太尉周勃入北军一呼，全军士卒左祖。诸吕灰飞烟灭，这不是人力所能及，乃是天意。现在即使是大臣们想有所行动，百姓也不会顺从。何况现在朝廷内有朱虚侯和东牟侯，外有吴、楚、淮阳、琅邪、齐、代各诸侯国。如今汉高祖的儿子只剩下淮南王和大王两人。大王又是兄长，贤圣仁孝闻于天下。所以大臣们要顺应民心迎立大王为帝，大王勿疑。"

代王刘恒心念于此，越发佩服中尉宋昌，他笑着对宋昌说："果真和宋公说得一样啊。"

然后带宋昌、张武等人用驰传系统走官道赶赴长安。

汉朝政府的驰传系统是在官道的交通节点处设置交通站，并将其分为两种，以车为交通工具的称为"传"，以马为交通工具的称为"驿"，传中所备车辆为"传车"、所建住房称为"传舍"，进站和出站所使用的通行证为"传符"。

一般的传车分为四种：用四匹上等马拉车称为"置传"。用四匹中等马拉车称为"驰传"。用四匹下等马拉车称为"乘传"用一匹或两匹马拉车称为"轮传"。

而此次代王刘恒入京是要继承皇位，他这一行乘坐的是汉朝驰传系统中等级最高的"六乘传"，由六匹马拉的传车，这是"六乘传"在史籍中第一次出现。

代王一行数人来到汉高祖的陵墓——高陵。先派宋昌到长安查看动静，宋昌刚到渭桥，就遇到了一众朝臣的迎接队伍。

宋昌连忙赶回去禀报，代王刘恒来到渭桥，群臣拜见称臣，代王刘恒下车答拜。

太尉周勃请求单独接见。

宋昌代替代王回答："要说公事，请当众说。要说私事，王者没有私事。"

太尉周勃跪拜，献上天子玺、符。

代王刘恒说："其余的事情到代邸再商量。"

代王刘恒进长安后，住在代邸。丞相刘恒率群臣跪拜说："刘弘并非汉惠帝的儿子，不能做皇帝。大王是汉高祖最年长的儿子，理应继承皇位。请大王即天子位。"

代王刘恒向西让了三次，向南让了两次，推辞不过，即天子位。

齐王刘襄的兄弟东牟侯刘兴居说："平定诸吕之乱的时候，臣没能立功，现在请让我来做除宫这件事。"

随后，刘兴居和太仆汝阴侯滕公入宫，对后少帝刘弘说："足下不是刘氏子弟，没有称帝的资格。"随后由滕公召乘舆车载后少帝出宫，安置住处。

随后，禀报刘恒："皇宫已经准备好了。"

等刘恒到了未央宫，有十名护卫持戟而立把守宫门，说："天子还在里面，足下是做什么的？为什么要进去？"

刘恒进不了宫，只得通知太尉周勃，太尉周勃亲自赶来传达命令，这十名护卫才退下。

刘恒入宫后，当夜就拜宋昌为卫将军，统领南北两军。张武为郎中令。

立刻派人诛杀汉惠帝刘盈还活着的几个儿子梁王、淮阳王、恒山王，还有后少帝刘弘。

然后，刘恒正式即位，大赦天下，这一年是公元前180年。

刘恒即位，完全是等来的机遇。

刘恒的外公是秦朝时的会稽郡吴县人，外婆是秦朝时的魏王宗室女魏媪，两人私通，生下了刘恒的母亲薄氏。

到秦末的时候，薄氏的父亲已死。孤儿寡母日子艰难，魏媪将其女薄氏送给魏豹为妾。

魏豹原是六国时魏国的公子，他的哥哥魏咎原是魏国宁陵君。后来，陈胜吴广起义，建立张楚政权，魏咎追随加入。陈胜部下原魏国人周市带兵夺取魏国的土地后，大家准备拥立周市为魏王，齐国和赵国各派战车五十辆，要辅助周市做魏王。周市说："天下混乱，才能显现出忠臣。现在天下人都背叛秦国，从道义上讲，只有魏王的后代才能作魏王。"周市把魏咎立为魏王。

后来秦将章邯攻魏，魏咎被迫自杀。魏豹向楚怀王借来数千人马，攻下魏地二十余城，自立为魏王。

薄氏就在此时成了魏王魏豹的妾，当时出名的女相士许负进魏王宫给她看相，一见惊心，说薄氏必生天子。

不久曹参率汉军俘虏魏豹，把魏国降为汉的一个郡，把薄氏送到后方的丝织作坊——织室。

而后，汉王刘邦命令魏豹驻守荥阳。当楚军围攻荥阳的时候，周昌的表兄周苛认为魏豹反复无常，就把魏豹杀了。

再以后，汉王入织室，见到薄氏，把她召入后宫，但是公务太忙，姬妾太多，一年多都没宠幸她。

薄氏的闺蜜管夫人、赵子儿也在汉王后宫，三人曾约定："先贵毋相忘！"

管夫人、赵子儿先后受到汉王宠幸。

两个闺蜜在侍候刘邦时，提起了和薄氏的约定。

这个约定打动了汉王刘邦，当日召薄氏前来，即有身孕。

薄氏在公元前202年年中生下刘恒，刘恒八岁时被封为代王。

薄氏怀孕生子以后，刘邦还是很少宠幸她，这本是一段女人的幽怨往事，但却因祸得福。

汉高祖刘邦驾崩后，他生前宠爱的姬妾都被吕后幽禁，不得出宫。因为薄姬不得宠，地位低，所以准许她出宫，带着她的弟弟薄昭到刘恒的代国去，做了代国的太后。

在汉惠帝——吕太后执政期间，代王只求自保，不敢有非分之想。

当年，让他做赵王的消息就能让他几天几夜睡不着觉。

况且前有前少帝刘恭，后有后少帝刘弘，也轮不到他来做这个春秋大梦。

谁知在代王刘恒25岁这年，遇到平定"诸吕之乱"的变故，竟然阴差阳错当上了皇帝。

刘恒尊母亲薄氏为皇太后。追尊薄太后父为灵文侯，追尊薄太后母为灵文夫人，封舅父薄昭为轵侯。薄氏封侯者仅薄昭一人。

在接下来的时间里，刘恒将改变国家的命运，把被外戚干政的朝廷解放出来，让所有的政策归于正常，官员们执行命令时再也不用费劲脑筋地考虑字面下潜藏的意思了，再也不用考虑吕太皇太后怎么想，皇帝怎么想，诸侯王怎么想，朝臣们又怎么想这些问题，不必再把精力浪费在这些和国计民生没什么关系的事情上了。

刘恒就是开创了"文景之治（公元前180年—公元前141年）"的汉文帝，自刘恒登基以后，汉朝的老百姓有了60年的好时光。

第四幕

魏太子：智慧的角逐

【魏武帝 太子之不完全档案】

朝代：三国

皇帝：魏武帝 曹操

曹昂： （？-197年），曹操庶长子，刘氏所生，
由曹操原配丁氏抚养长大。

曹丕： （187年-226年），曹操次子，卞氏所生。

曹彰： （？-223年），曹操三子，卞氏所生。

曹植： （192年-232年），曹操四子，卞氏所生。

曹冲： （195年-207年），曹操七子，环氏所生。

其他公子（按时间顺序）：曹熊、殇王曹铄、彭
城王曹据、燕王曹宇、沛王曹林、中山王
曹衮、西乡侯曹　、陈留王曹峻、曹矩、
赵王曹干、曹上、楚王曹彪、曹勤、曹
乘、郿侯曹整、曹京、樊侯曹均、曹棘、
东平王曹徽、曲阳王曹茂

斗争：醉酒误王命

继位者：魏文帝曹丕

第一场　曹操想让儿子当皇帝

读过听过《三国演义》的，请先把这本书忘掉。

据鲁迅在《中国小说史略》里面说：

罗贯中本《三国志演义》，今得见者以明弘治甲寅（1494年）刊本为最古，全书二十四卷，分二百四十回，题曰"晋平阳侯陈寿史传，后学罗本贯中编次"。起于汉灵帝中平元年"祭天地桃园结义"，终于晋武帝太康元年"王濬计取石头城"，凡首尾97年（184年—280年）事实，皆排比陈寿《三国志》及裴松之注，间亦仍采平话，又加推演而作之；论断颇取陈、裴及习凿齿、孙盛语，且更盛引"史官"及"后人"诗。然据旧史即难于抒写，杂虚辞复易滋混淆，故明谢肇淛（《五杂组》十五）既以为"太实则近腐"，清章学诚（《丙辰札记》）又病其"七实三虚惑乱观者"也。至于写人，亦颇有失，以致欲显刘备之长厚而似伪，状诸葛之多智而近妖；惟于关羽，特多好语，义勇之概，时时如见矣。

这本小说精彩就精彩在"七实三虚"，过瘾的段落俯拾皆是。但是对于喜爱历史的人来说，糟糕也糟糕在"七实三虚"，一不小心就"上当受骗"。

清康熙时的诗坛领袖王士祯，博学好古，精鉴赏，通金石，是大师级的高人。他就在《三国演义》这条河沟翻过船，他有一首诗叫《落凤坡吊庞士元》，是路过落凤坡时悼念庞统的，诗中写道"沔上风流万古存，鱼梁洲畔向江村。何如但作鸿冥好，采药相携去鹿门。"

其实呢，所谓"凤雏"庞统被射死在"落凤坡"的故事，只有《三国演义》上面有。

其余的例如诸葛亮的火烧新野、借东风、三气周瑜、空城计；关羽的诛文丑、杀蔡阳、过五关斩六将；张飞的夜战马超；黄盖的苦肉计；陆逊被困八阵图等热闹情节，纯属罗贯中的妙笔生花，别无根据。

花开两朵，各表一枝。先按下《三国演义》暂且不表，说一说历史上的曹操。

曹操（155年－220年），字孟德，一名吉利，小字阿瞒，沛国谯郡（今安徽省亳州市）人。

曹操家几代都是公务员，他的养祖父是曹腾，宦官。别笑，那年头，宦官也是公务员的编制。曹腾侍候过四代汉朝的天子，汉桓帝时被封为费亭侯。

为了这个出身问题，曹操被人说是"奸阉遗丑，好乱乐祸。"

曹操的父亲曹嵩出身不详，甚至不能确定是否姓曹。他是曹腾的养子，汉灵帝时官至太尉。

少年曹操好打猎好闲逛，叔叔几次把曹操的劣迹汇报给曹嵩。曹操被父亲斥责了几次，心中颇为不满。

某日，叔侄二人路上偶遇，曹操突然嘴歪眼斜。叔叔大惊，上前询问。曹操说："我中风了。"叔叔连忙去通知曹嵩。曹嵩赶到后，见儿子双手掩面，连忙呼唤。曹操放下双手，一切正常，没有中风的迹象。曹嵩问道："你叔叔说你中风了，已经好了吗？"曹操说："我从来没有得过这种病，只是因为叔叔不喜欢我，所以被他诬陷。"

曹嵩将信将疑，但以后弟弟再来打小报告，他就不再相信了。曹操没人监督了，越发玩得无拘无束。

真是个有心计的官宦子弟。

许劭以善于品评人物而闻名，他的话就是全国名人榜，他就是名士中的名士。

曹操去拜访许劭，许劭看不惯曹操这个纨绔子弟的作风，拒绝给他评价。

曹操一不做二不休，找了个机会胁迫许劭，许名士不得已，说曹操是"治世之能臣，乱世之奸雄"，曹操一跃成为全国知名人士，虽然这名声不怎么符合当时人的标准。

真是个有追求的官宦子弟。

曹操的功夫小有成就，单挑的水准没有留下记载，但至少是自保有余。

一次，曹操偷偷潜入中常侍张让家，被发觉后，曹操手舞着戟边打边跑，然后越墙而出，逃之夭夭。

真是个胆子大，好冲动的官宦子弟。

总而言之，从曹操少年时的作为来看，这是个有追求、有心计、胆子大、好冲动的官宦子弟。

公元168年，汉桓帝刘志驾崩，他没有儿子。由皇后窦氏和窦氏的父亲窦武做主，立刘志12岁的堂侄刘宏登基，这就是汉灵帝。

公元174年，曹操20岁的时候，通过察举孝廉成为郎官，进入公务员的行列。

不久，曹操被任命为洛阳北部尉。在工作岗位上干了几个月以后，遇到一桩违反宵禁的案件，犯案的是当朝大宦官蹇硕的叔叔，曹操严格执法，按照朝廷的法令将其棒杀。

这下得罪了权贵，曹操的仕途就不那么美妙了。

公元178年，时任顿丘令的曹操受到牵连，被撤职。

公元180年，曹操又被朝廷征召，任命为议郎。曹操很努力地做这个动嘴不动手的工作，但是没干出什么政绩。

汉灵帝刘宏即位后，全国天灾人祸不断，外面旱灾、水灾、蝗灾四处泛滥；朝里宦官集团"十常侍"与外戚窦氏夺权，打得昏天黑地。

国家行政机构运行不利，就有非法的民间组织来重新整合人力资源。

在这些年里，张角、张梁、张宝三兄弟靠法术、咒语为人治病，聚集了数十万的信徒，创建了"太平道"，他们把信徒按地域分为三十六"方"，大方一万多人，小方六七千人，每方推一个领袖。

公元184年，张角兄弟三人以"苍天已死、黄天当立、岁在甲子、天下大吉"为名起义，要推翻东汉王朝。

同年，朝廷任命曹操为骑都尉，去颍川镇压黄巾起义。

这下曹操能带兵打仗了，他如鱼得水，不久就升任济南相，进而又被任命为东郡太守，工资是两千石。

公元188年，汉灵帝刘宏在京城洛阳招募新军，把军营设置在西园，用来保卫京城的安全。这支新军由宦官蹇硕担任统帅，袁绍担任副统帅。曹操任典军校尉，大约相当于参谋长。他的工资不变，还是两千石，但是进入了中央直辖的部队，前途一片光明。

公元189年汉灵帝刘宏驾崩，太子刘辩登基，这就是汉少帝，他的母亲何太后临朝听政，何太后的哥哥大将军何进权势日盛一日。

外戚和宦官又一次开始激烈的斗争。

西园军的统帅蹇硕试图联合宦官集团反对何进，不久消息走漏，蹇硕被捕，于5月底被处死。他的军队统由何进指挥。

大将军何进成为袁绍和曹操的上司后，他想一举解决"十常侍"，但何太后反对。

何进考虑来考虑去，在袁绍的建议下，弄出个特别富有想象力的计策：招西凉兵将领董卓领兵入京。

这个妙策一出，遭到一众大臣的反对。

但何进自有他的想法，这个围魏救赵的计划是这样的：

由于何太后反对消灭"十常侍"，他不用西园军是为了给自己洗清嫌疑。

既然不用西园军，自己带过的其他部队，比如京城附近的羽林军也不能用了。

那么，如果董卓带兵进京剿灭"十常侍"，就和他何大将军无关了。

结果这个绕了18个圈的山寨版"借刀杀人"之计，没实施就破产了。

董卓还在入京途中，何进就被"十常侍"刺杀。

哎呀，自杀的方法有很多种，大将军干嘛选最复杂的那一种。

袁绍接管西园军，打着为何进报仇的旗号杀进宫里，把宦官杀了个干干净净。

不久，董卓率西凉兵进京，这时候兵权就是建立新秩序的权威，而西园军根本不是边防军的对手。

董卓开始操控朝政，他先清除掉宦官集团，然后把汉少帝刘辩废为弘农王，改立刘辩的弟弟陈留王为帝，这就是汉献帝刘协。

不久刘辩母子被董卓毒死，愤怒的官员用勇气和语言攻击这种暴行，董卓用西凉兵手中的刀剑进行还击，京城再次陷入混乱之中。

曹操更名改姓，逃出洛阳。

曹操回到家乡之后，散尽家财征募乡勇，率先揭竿举义，要讨伐董卓。

公元190年正月，后将军袁术、长沙太守孙坚、冀州牧韩馥、豫州刺史孔伷、河内太守王匡、兖州刺史刘岱、勃海太守袁绍、陈留太守张邈、东郡太守桥瑁、山阳太守袁遗、济北相鲍信等人组成反董联军。袁绍被推举为盟主，曹操任奋武将军之职。

董卓听说联军成立，连忙把汉献帝刘协迁到长安去，自己留在洛阳准备阻击。

袁绍和曹操的意见产生分歧，袁绍按兵不动，曹操独自进军，在汴水被董卓的部将徐荣击溃，曹操中箭败走。

曹操和夏侯惇一起前往扬州募兵四千，但走到半路，士卒哗变，火烧大营。曹操提剑连杀数十人，仍然无法阻止混乱的场面，结果叛军一哄而散，曹操身边只剩下五百多人。

这时联军内讧，先是刘岱杀死桥瑁，接着袁绍和韩馥准备拥立幽州牧刘虞为帝。曹操则表示他继续拥戴在长安的汉献帝刘协。

但是刘虞拒绝了袁绍的意见，拥立新君之事不了了之。

拥立不成，袁绍和韩馥也产生了矛盾，袁绍出兵夺了韩馥的冀州。

黄巾起义加上军阀混战，国内的局势越来越混乱了。

公元191年曹操征讨骚扰东郡的黑山军，袁绍上表朝廷推举曹操为东郡太守，曹操又回到了几年前的工作岗位。

192年四月，董卓被司徒王允和吕布除掉。

不久，董卓余部李傕、郭汜听从贾诩之计，率军进攻长安，王允被迫自杀，吕布逃走。

同年，青州黄巾的百万大军进入兖州，兖州刺史刘岱和济北相鲍信相继战死。

曹操一路冲杀，在济北一战而胜，收编黄巾降卒三十多万。曹操从中选出精兵强将，打造出一支"青州兵"。枪杆子里出政权，曹操逐渐成为一方割据势力。

公元193年至194年，曹操为报父仇，两度讨伐徐州的陶谦，屠杀当地百姓数十万。

公元195年，曹操击败吕布，平定兖州。朝廷立刻正式承认曹操为兖州牧。

公元196年，汉献帝刘协离开长安，进入洛阳。任命曹操为镇东将军、封费亭侯。随后曹操进军洛阳保卫京城，汉献帝刘协赐曹操节钺，曹操开始"奉天子以令不臣"。

由于洛阳已被董卓破坏，两个月后，东汉迁都于许都。

汉献帝刘协任命实力最强的袁绍为大将军，任命曹操为司空。

公元197年，曹操征讨张绣，张绣率众投降。

不久，曹操纳张绣的婶娘——张绣的叔父张济之妻，张绣恼羞成怒，发动兵变，杀死曹操的长子曹昂、侄子曹安民和校尉典韦，曹操侥幸逃命。

后来，张绣接受谋士贾诩的建议，向曹操投降，曹操不计私仇，接受了张绣的投降。取得了对荆州北部的控制权，保障了许都南面的安全。

公元198年，曹操用谋士荀攸、郭嘉之计，挖开泗河、沂河之水，水淹下邳，生擒吕布、陈宫。

公元199年，曹操击败睦固，吞并河内郡。此时，曹操已经实际控制了黄河以南的兖州、豫州和徐州，一直延伸到荆州北部，还有黄河以北的河内郡。

而大将军袁绍此时占据黄河以北的青州、冀州、幽州和并州，准备进兵许都，消灭北方最大的敌人——曹操。

公元200年正月，曹操击败刘备，收复徐州。

2月，袁绍领兵11万南下渡过黄河，与曹军开战。

4月，曹操以少胜多，两败袁军，先在白马斩杀袁绍大将颜良，又在延津斩杀袁绍大将文丑。

8月，袁军逼近官渡，连营数十里，与曹营遥遥相望，双方互有攻守，形成对峙。

10月，袁绍的谋士许攸投奔曹操，献计偷袭袁绍的后勤基地——乌巢。

曹操采纳许攸之谋，奇袭乌巢，焚烧了袁军的粮草辎重，一举扭转战局。

随后，袁绍大败，率残兵败将八百余人逃回北方。

此时，曹操有了先北后南的作战方针，准备先解决北方的问题，继而挥师南下统一全国。

然后呢？是否把汉献帝刘协踢开，自己称帝？

曹操犹豫了很久，他否定了这个计划。

曹操很清楚，西汉两百年，如今东汉又是两百年，四百年来都是刘氏在统治这个国家，百姓根本无法接受这个家族以外的人来做皇帝。这个时候，谁称帝谁就会被万民唾骂，谁是把自己架在火上烤。

曹操的打算是打好基础，为自己的儿子当皇帝做好准备。

但是选哪个儿子做继承人呢？

他还没有最后决定。

第二场　曹冲称象以后

曹操心目中的继承人有好几个。

长子曹昂，刘氏所生，但刘夫人早死，由曹操原配丁氏抚养长大。母子两人感情非常好。曹昂在曹操征张绣时阵亡后。丁夫人痛哭不止，责怪曹操："害死我的儿子，现在却一点儿也不想他！"曹操很生气，将丁氏遣送回家。

原配夫妻感情很深，后来，曹操亲自去接丁氏回来。

曹操到了丁家，丁夫人正在织布，家人禀报说曹公来了，丁夫人头也不抬，继续一梭一梭地织布。显然是余怒未消。

曹操进门后，站立良久，丁夫人始终不发一言。曹操上前抚摸着妻子的后背说："和我一起坐车回家吧。"丁夫人还是不理他，曹操慢慢踱到门口，回头说："真的不行了吗？"丁夫人还是不答应。曹操叹息一声："那我们真的永别了。"正式写休书，和丁夫人离婚。

丁夫人离去以后，曹操立继室卞氏为正妻，卞夫人知道曹操和丁氏关系非同寻常，她常常去探问丁夫人的意图。丁夫人说："我是废放之人，夫人不必如此！"到丁夫人去世后，葬在许都城南。

曹操临终时仍对丁氏和曹昂念念不忘，他说："我前后行事，于心未曾有所亏欠。但是如果死后有灵，曹昂若问'我母所在'，我将何辞以答！"

曹操的次子曹丕、三子曹彰和四子曹植均是卞氏所生。

除了这三个男孩以外，曹操最喜欢环氏所生的七子曹冲。

顺便提一句，曹冲不是曹操的小儿子，他后面还有18个弟弟。

曹冲字仓舒，他是个神童，不折不扣的神童。

传统相声《八扇屏》里有个片段，说：

想当初，大宋朝文彦博，幼儿倒有浮球之智。司马温公，倒有破瓮救儿之谋；汉孔融，四岁让梨，懂得谦逊之礼；十三郎五岁朝天，唐刘晏七岁举翰林，一个正字参朋比。汉黄香九岁温席奉亲；秦甘罗，一十二岁身为宰相；吴周瑜，七岁学文，九岁习武，一十三岁官拜为水军都督，统带千军万马执掌六郡八十一州之兵权，施苦肉、献连环、借东风、借雕翎、火烧战船，使曹操望风鼠窜，险些命丧江南。虽有卧龙、凤雏之相帮，那周瑜也算小孩子当中之魁首。

曹冲和这些"小孩子"相比，毫不逊色。

"曹冲称象"是他五六岁时的故事。

有一次，东吴的孙权给曹操送来了一头大象，曹操看了很高兴，好奇心大起，想知道这头象的重量。但手下人一时都提不出什么可行的方案。

曹冲说："把大象赶到大船上，然后给船舷上被水面淹到的地方做上记号。接着把大象赶下来，再把其他东西装到船上，根据记号确定装的货和大象一样的重量为止，最后称一下这些东西，就知道大象的重量了。"

这么清晰的逻辑，开阔的思路，确实是难能可贵。曹冲的方法和早他四百年的古希腊哲学家、数学家、物理学家阿基米德暗合。

传说，赫农王给金匠一块金子，让他做一顶纯金王冠。

皇冠做好以后，虽然和原来那块金子一样重，但国王怀疑金匠掺假了。

于是，国王命令阿基米德在不破坏王冠的条件下，鉴定它是不是纯金的。

根据当时的条件，这是不可完成的任务。

阿基米德昼思夜想想不出好办法。有一次，阿基米德在浴盆洗澡的时候，偶然发现自己的胳膊浮出水面了。等他把胳膊完全放进水里，然后全身放松，胳膊又浮出水面了。

阿基米德从浴盆中站起来，浴盆中的水位下降了。等他再坐下去，水位又上升了。

如此反复几次，阿基米德发现浮力与物体的排水量有关，而不是与物体的重量有关。物体在水中的重量也一定与水的密度有关。

阿基米德找到了解决王冠问题的钥匙：把王冠和等重的金子先后放进水里，结果发现王冠排开的水量比金子多，这证明王冠不是纯金的。

阿基米德发现了浮力定律，即液体对物体的浮力等于物体所排开液体重力的大小。

如此说来，曹冲会成为一个伟大的科学家吗？

答案是否定的。

除四大发明以外，古代中国拥有领先于世界的科学发明和发现有一百多种。

从隋唐到明朝，在全世界的重大科技成果中，中国所占比例一直在一半以上，而到了清朝晚期，这个比例跌到千分之四。如此的大起大落，是为什么呢？

《中国科学技术史》的作者，英国现代生物化学家、汉学家和科学技术史专家李约瑟认为：

一、中国没有宜于科学成长的自然观；二、中国人太讲究实用，很多发现滞留在经验阶段；三、中国的科举制度扼杀了人们对自然规律探索的兴趣，思想被束缚在古籍和名利上，"学而优则仕"是读书人的第一追求。

曹冲称象的故事大致符合这三条理论，当然，他是不必经过考试就能走上仕途的。

曹冲称象以后，还有很多事迹流传了下来。

当时国家战事频繁，法令非常严苛。曹操有一副马鞍放在马厩中，被老鼠咬了个洞，管马的小吏准备把自己绑起来，然后自首请罪。但想到可能被重罚，还是非常害怕。

曹冲对小吏说："你等几天再去自首。"随后，曹冲用刀戳破自己的衣裳，弄得像是被老鼠咬坏的样子，然后装出一脸郁闷，来到曹操跟前。

曹操看到儿子的表情，好生奇怪，就问他有什么事。曹冲回答说："外面的人都在传说，谁的衣服让老鼠咬了，谁就有灾祸。现在我的衣服被老鼠咬破了，所以心情郁闷。"

曹操一听，安慰他说："这都是愚民的无稽之谈，这种小事不值得苦恼。"

不久，小吏进来禀报马鞍被老鼠咬坏的事，曹操说："我儿子的衣服就在身边，还被老鼠咬坏了，何况是挂在梁柱上的马鞍呢？"一笑了之，没有继续追究。

像这类帮助别人的事情，曹冲做过不下几十次。

曹冲这么聪明又这么有爱心，再加上长得很漂亮，他深得曹操的宠爱。

曹操曾几次对群臣表示，打算传位给曹冲。

公元202年5月，袁绍病逝，其长子袁谭、三子袁尚自相残杀，争夺继承权。

曹操趁机进兵。

公元204年7月，曹操攻克袁氏的大本营邺城。

公元207年，曹冲13岁的时候，他病了。

曹操十分担心，亲自许愿祷告。但天妒英才，曹冲夭折了。

曹操悲痛欲绝，曹丕上前安慰父亲。

曹操说："这是我一个人的不幸，是你们几个的幸运啊！"

曹丕后来经常提起此事，说："大哥曹昂孝顺廉正，他继承王位是理所应当的。除他以外，弟弟曹冲也是父亲看中的继承人啊。"

家事才完，战事又起。

同年，曹操击溃袁尚、乌桓联军，全歼袁军的残余势力，统一了北方。

公元208年6月，曹操被任命为丞相。

7月，曹操率大军十余万南下，他计划先解决荆州的刘表，顺便消灭依附刘表的刘备；再顺长江东下，击败东吴的孙权，进而统一天下。

8月，刘表病亡，次子刘琮被后母蔡氏舅父蔡瑁拥立为荆州之主，随后投降，曹操不战而屈人之兵，占领荆州。

9月，曹军一昼夜急行军三百里，在长坂坡击败刘备军。刘备逃到夏口投奔刘表的长子刘琦，然后派诸葛亮到江东联络孙权联合抗曹。

12月，孙刘联军在赤壁之战中大败曹军，曹操退回长江以北。

三国鼎立的局面开始形成。

孙权、刘备的反曹军事联盟一起抨击曹操"托名汉相，实为汉贼"，"欲废汉自立"。推动社会舆论，对曹操形成巨大的压力。

公元210年，曹操56岁的时候。面对咄咄逼人的政治形势，曹操借退还皇帝加封三县的名义，发布了《让县自明本志令》，表明他的思想。

这篇文章算是曹操的一篇自传。

曹操自述，开始的时候："欲为一郡守，好作政教以建立名誉，使世士明知之。"

然后："后征为都尉，迁典军校尉，意遂更欲为国家讨贼立功，欲望封侯作征西将军。"

如今："身为宰相，人臣之贵已极，意望已过矣。"

接着抨击敌人的反动言论："设使国家无有孤，不知当几人称帝，几人称王。或者人见孤强盛，又性不信天命之事，恐私心相评，言有不逊之志，妄相忖度，每用耿耿。"

最后自表心迹："然欲孤便尔委捐所典兵众以还执事，归就武平侯国，实不可也。何者诚恐已离兵为人所祸也。既为子孙计，又己败则国家倾危，是以不得慕虚名而处实祸，此所不得为也。"

说自己之所以还没有退休，是担心一旦放弃兵权，马上就会被人所害。

曹操是个真性情，爱说实话的人。这篇《让县自明本志令》里，他能说实话的地方都说了，不能说的，是要遮掩一辈子的心事。

公元211年3月，关中的马超等人起兵反曹，曹操用离间计分化敌军，然后一举击溃关中联军，马超败回凉州。随后，马超卷土重来，不久又被曹操击败，马超逃到汉中投靠张鲁去了。

公元213年，汉献帝刘协封曹操为魏公，其领地包括魏郡、河东郡、河内郡等十个郡国，面积大大超出东汉关于诸侯封地不得超过一郡的制度。

公元215年，曹操进攻汉中，统治汉中的是天师道教主张鲁，这位第三代张天师法力有边，回头是岸，不久就投降了，曹操吞并汉中。

公元216年，曹操自封"魏王"，卞夫人为王后，加九锡。

所谓九锡是一系列的仪仗，包括一锡车马，再锡衣服，三锡虎贲，四锡乐器，五锡纳陛，六锡朱户，七锡弓矢，八锡斧钺，九锡秬鬯。这些仪仗的礼仪规格极高，通常是天子才能使用。

公元217年，曹操设天子旌旗，戴天子旒冕，出入得称警跸，并作泮宫。

这一回，曹操算是明目张胆的站着做皇帝了。

10月，曹操授赐十王冠、二彩带，乘金根车，驾六马，设五时副车，立嫡长子曹丕为魏太子。

31岁的曹丕得到这个好消息，手舞足蹈、得意忘形，像小孩子一样搂着议郎辛毗的脖子说："辛先生，你知道我有多高兴吗？"

作为嫡长子成为继承人，本来是天经地义的，曹丕的表现似乎过于兴高采烈了，这是为什么呢？

很简单，这场夺嫡之争的竞争之激烈，世所罕见。

他的父亲曹操从来不是按规矩出牌的人，所谓立嫡长子的规矩在他这里形同废纸一张。

何况，战争时期不比太平岁月，变化不断，枝枝叶叶都和朝局有关，都和太子位有关。

先不说过世的曹昂，夭折的曹冲，眼前的三弟曹彰、四弟曹植都是种子选手啊，都是劲敌。

第三场　曹植情商太低

曹彰，字子文。长着一把黄胡子，善骑射，且膂力过人，经常和猛虎肉搏。

曹彰多次跟随曹操出征作战，每次都是跃跃欲试的样子。

曹操看到曹彰这个样子，就有意教导他说："你不喜欢读书，却喜欢骑马击剑，这是匹夫所为。"专门花时间督促曹彰读书，但效果不佳。

曹彰对身边的人说："大丈夫就要和卫青霍去病一样，率十万人马驰骋大漠，驱除戎狄，彪炳史册，怎么能一心读书做博士呢？"

曹操和其他父亲一样，曾经询问过儿子们的志向。

曹彰说："我要做将军。"

曹操追问："那你怎么认为，怎么才算是真正的将军呢？"

曹彰一如既往地豪情万丈："被坚执锐，临难不顾，为士卒先；赏必行，罚必信。"

曹操哈哈大笑。

公元216年，曹彰被封为鄢陵侯。

公元218年，曹彰被封为北中郎将行骁骑将军，征讨北方的乌丸。出征之前，曹操告诫曹彰："居家为父子，受事为君臣，一举一动都有军法节制，你要小心谨慎！"

曹彰到河北涿郡以后，兵马还没有集结完毕，只有一千多步兵，几百匹马。几千名乌丸骑兵突然杀到。

眼看敌众我寡，这次征讨还没有出兵，就要被敌人全歼。

曹彰临危不惧，听从谋士田豫之计，固守要塞。

乌丸骑兵不善于攻城，一击不中，就退兵了。

曹彰身先士卒，率军紧追不舍，他一路上箭无虚发，射死敌军无数。自己铠甲上连中几支冷箭，却意气风发。这一下，一直追出代郡两百多里。

这时，众将都认为这次孤军深入，士兵疲惫不堪，何况已经超出了事先约定的进攻范围，不能再追了。

曹彰说："军队出征，以实现战略意图为首要方针，不必考虑实现的约定范围。敌人还没有逃远，追上之后一定能够全歼他们。如果听从命令，却让敌人跑掉，不是良将所为。"

说完上马，号令全军："后退者斩。"

曹植军急行军一昼夜，大破乌丸余部。

附近的鲜卑领袖轲比能在附近观战，看到曹彰作战勇猛，战无不胜，立刻率数万骑兵归顺曹操。

曹彰回军长安，向曹操汇报这次战役的时候不居功，把功劳归于全军将士，全军上下欢欣鼓舞。

曹操也喜出望外，他拉着曹彰的黄胡须，连声称赞"黄须儿"立下奇功。

公元218年，刘备亲率法正、黄忠、魏延、赵云、高翔、刘封诸将进攻汉中要塞阳平关。

曹军主师夏侯渊守阳平关，张郃和徐晃保护他的侧翼。

7月，刘备军前锋进攻失利，诸葛亮由成都派兵支援，曹军与刘军双方形成对峙局面。

公元219年，刘备由阳平南渡沔水，黄忠在定军山杀死夏侯渊。

张郃率余部在汉水以北扎营，稳住了曹军的局面。

曹操得知夏侯渊阵亡的消息后，派曹真增援阳平关。

三个月后，曹操率军由长安出兵，杀到汉中。

刘备得知曹操亲自赶来，毫无惧色，他凭险据守，不断派小部队骚扰曹军。

有一次，刘备派义子刘封向曹军挑战，曹操大骂刘备："卖鞋的乡巴佬，想让你的假儿子来抵挡曹公吗？等我的黄须儿来了，再来收拾你。"

然后曹操召曹彰来汉中。很明显，在曹操的眼里，这个儿子是一员爱将。

曹操与刘备对峙数月，毫无进展，曹军又死伤甚多，曹操想撤退，但没有借口，一时进退两难。

这一日曹操用"鸡肋"作军中口令，官员都很费解，唯独杨修认为鸡肋是"弃之可惜，食之无味"，推测曹操想撤军，于是开始收拾行装。

五月，曹操放弃汉中，回到长安，这时曹彰日夜兼程，刚刚赶来。两军会和一处，回师洛阳。

刘备占领汉中，自立汉中王。

猜中"鸡肋"的杨修是曹操的主簿，深得曹操的信任。曹丕、曹植都想和他搞好关系。

　　杨修夹在两人中间，进退两难，他想两边都不得罪，就送给曹丕一柄宝剑，又和曹植书信往来。

　　曹植此人，文学造诣极深。

　　现在公认的最伟大的诗人李白最仰慕南朝诗人谢灵运，而谢灵运最仰慕曹植曹子建。

　　谢灵运曾经说过："天下才有一石，曹子建独占八斗，我得一斗，天下共分一斗。"

　　但寸有所长尺有所短，完美的人是不存在的，曹植的政务能力平平，最糟糕的是情商极低。

　　曹操知道曹植的缺点，特意经常考察曹植的行政能力。曹植应对起来非常吃力，就去请教杨修。

　　杨修根据自己对曹操的了解，给曹植写了份内参资料。曹植凭这份资料来应付曹操的考察，往往是事半功倍一挥而就。

　　但知子莫若父，曹植的表现引起了曹操的怀疑。

　　曹操一调查研究，"枪手"杨修就暴露了。

　　这一次，曹操没有发作。

　　又一次，曹操出了个题目考察曹丕和曹植，他命二人出城去办事，同时又秘密传令给守门军士不许两人外出。

　　杨修告诉曹植："你是奉魏王之命出城办事，如果守门的不让你出去，可以把他杀了。"

　　结果，曹丕被拦阻，没出去。

　　曹植依计而行，斩将出城。

　　曹操再次调查事情详情，又发现是杨修所为。曹操屡次发现杨修竟敢插手自己的家事，非常愤怒，再联想起杨修的舅父是袁绍，疑惑更深。

　　公元219年，曹操以"露泄言教，交关诸侯"的罪名杀了杨修。

然后，曹操给杨修的父亲太尉写信说：

操白：与足下同海内大义，足下不遗，以贤子见辅。比中国虽靖，方外未夷，今军征事大，主簿宜守。而足下贤子，恃豪父之势，每不与吾同怀，即欲直绳，顾颇恨恨。谓其能改，遂转宽舒，复即宥贷，将延足下尊门大累，便令刑之。念卿父息之情，同此悼楚，亦未必非幸也。

还说"所奉虽薄，以表吾意，足下便当慨然承纳，不致往返。"

在信的结尾列出了送给杨彪的礼物清单：有锦裘二领、银杖一枚、宫绢五百匹、钱六十万、车一乘，牛两头、马一匹，驱使二人，青衣二人。

杀了别人的儿子，还写信通知，随信还附上礼物。曹操这种"杀人诛心"的伎俩未免过于阴狠。

杨修成为曹家夺嫡之争中的牺牲品，他入戏太深了，遇到曹操这样多疑的雄主，难免遭殃。但他不是唯一一个牺牲品。

在几年前，曹操做了魏公，准备立太子的时候，朝中大臣的意见是一边倒地支持"立嫡长子"。

曹操曾经写密信给各位大臣，询问他们对太子人选的意见。

尚书仆射毛玠表示："近者袁绍以嫡庶不分，覆宗灭国。废立大事，非所宜闻。"

东曹掾邢颙表示："以庶代宗，先世之戒也，愿殿下深察之。"

注意，他们的意见是支持"立嫡长子"的制度，而不是支持曹丕。

有人说，嫡长子就是曹丕，曹丕就是嫡长子，这还不是一回事吗？

我诚恳地回答你：不是。

上级询问下级继承人的问题，你支持某一个人，就有和他一党的嫌疑，就有因私废公的嫌疑。你支持一个制度，就是对事不对人，就是大公无私。

但是，尚书崔琰的反应很特别，他没有写密信回复，而是公开回答说："《春秋》之义，立子以长。五官中郎将曹丕仁孝聪明，宜承正统，琰以死守之。"顺便说一句，曹植是他的侄女婿。

崔琰公开作答，曹操就得公开表态。

曹操公开感叹一番，称赞崔琰很公正，还把他提拔到更重要的工作岗位上去。

没过几年，曹操以"腹诽心谤"的莫须有罪名将崔琰赐死。

曹操秘密询问以后，虽然大臣们都支持立嫡长子曹丕，但曹丕并有被立即立为太子。曹操还在犹豫，立曹丕为太子是几年以后，曹操升为魏王时候的事了。

曹丕非常忐忑，这时候，他想到一个人——贾诩。曹丕认为贾诩能告诉他，如何能做稳太子的位子。

贾诩，贾文和，这个三国时期最著名的老狐狸，是"专管六国贩骆驼的"。当年策划李傕、郭汜犯长安的是他，后来让张绣投降曹操的是他，然后策划张绣兵变差点儿杀死曹操的是他，再后来又劝说张绣投降的还是他。现在他是曹操手下的太中大夫。

贾诩对曹丕说："但愿您能够弘扬道德，培养德行和气度，实践士人的责任和义务，勤勤恳恳地努力工作，不要做违背孝道的事情，如此而已。"

这个方法真是堂堂正正光明正大，写成文字，贴到许都城门口公开发表都没问题。

没过几天，曹操召见贾诩，然后让左右从人退下，向他询问太子的人选。

贾诩不语。

曹操纳闷："与卿言，而不答，何也？"

贾诩说："下属想到一些事情，所以没有马上回答。"

曹操问："想什么呢？"

贾诩说："我在想袁绍和刘表父子。"

曹操明白了。袁绍和刘表都是由于非嫡长子继承其位，导致自乱阵脚，败给了曹操。

他仰天大笑。

笑完之后，曹操还是无法确定最终人选，他太欣赏曹植的才华了。这是"老骥伏枥，志在千里；烈士暮年，壮心不已"的作者对"捐躯赴国难，视死忽如归"的作者的一种欣赏。作为一个文人，曹操对这个儿子有惺惺相惜之情。

曹植10岁写的文章就曾让曹操又惊又喜，曹操问曹植："难道是有人代笔吗？"

曹植说："言出为论，下笔成章，愿当面试，何用代笔？"

后来，曹操在邺城兴建铜雀台，19岁的曹植作《铜雀台赋》，曹操大为赞赏。

这篇文章流传至今：

从明后而嬉游兮，登层台以娱情。见太府之广开兮，观圣德之所营。建高门之嵯峨兮，浮双阙乎太清。立中天之华观兮，连飞阁乎西城。临漳水之长流兮，望园果之滋荣。仰春风之和穆兮，听百鸟之悲鸣。天云垣其既立兮，家原得而获逞。扬仁化於宇内兮，尽肃恭於上京。惟桓文之为盛兮，岂足方乎圣明！休矣美矣！惠泽远扬。翼佐我皇家兮，宁彼四方。同天地之规量兮，齐日月之晖光。

永贵尊而无极兮，等年寿於东王。

没过几年，曹操封曹植为临菑侯。

曹操征孙权的时候，将曹植留下镇守大本营邺城。并告诫他说："我以前做顿丘令的时候，只有23岁。至今想起来那时候的所作所为，没有什么可遗憾的。现在你也23岁了，一定要努力啊。"

曹植的文学天赋让他随时随地都闪闪发光，曹操每次出征时，几个儿子一起去送行，曹植的发言文辞华丽动人，让所有人都赞不绝口，曹操自然乐不可支。

对于一个父亲来说，事业上能够取得的荣耀，比起儿子的成就来说，简直是不值一提。

曹丕就郁闷了，就怅然自失了。

这时候，有人在他耳边说："魏王要出征了，你只管哭就行了。"回头一看，是密友吴质。

等以后再送曹操出征，都是曹植首先发言，而后曹丕又哭又拜，让曹操和周围的人心里都酸溜溜的，都觉得曹植的语言很漂亮，但未必是真心实意。都认为曹丕是发自肺腑的对父亲的远行感到悲伤，是真正的孝顺。

吴质的这个主意真是人类智慧的结晶。一个政治家族最缺少的就是真情。

那么退一万步来讲，即便曹操本人不喜欢一个哭得稀里哗啦的继承人。但是曹丕还能怎么做呢？他写文章的能力就是比不上曹植啊，难道就这么傻站着看弟弟表演，作为一个肉背景接受众人的祝贺，再看着父亲享受这种表演？

这一哭，至少是让曹丕成为这台离别小品中的主要演员了，给各位观众留下了深刻的印象。

这一哭，让曹丕在曹操的心目中有质的变化，他从一个不会写文章的儿子变成了一个孝顺儿子。曹丕在这场完全处于下风的比赛中，也得到了足以自保的分数。

曹植是天才的文学家，个性非常洒脱，不加检点，喜怒哀乐都发自肺腑。

而曹丕精通《演员的自我修养》，喜怒不形于色。

在曹丕被立为太子以后，手下人向曹丕的生母卞王后祝贺："将军拜太子，天下莫不喜，夫人当倾府藏以赏赐。"

卞王后说："王自以丕年大，故用为嗣。我但当以免无教导之过为幸耳，亦何为当重赐遗乎？"

曹操听说夫人的态度以后，非常高兴，他对曹丕的评价是"怒不变容，喜不失节，故最为难。"

显然，曹操认为这是一个政治家必备的素质。

第四场　曹丕一脚踢开汉献帝

曹丕做了太子，演技日臻纯熟，地位日渐巩固。

曹植却继续表现自己的个性，以致一错再错。

一错，驰马司马门。

司马门是天子宫门，只有天子一人可以乘车过此门。违者必受重罚。

西汉时，高平宪侯魏相"坐酎宗庙骑至司马门，不敬，削爵一级为关内侯。"博阳定侯丙吉"坐酎宗庙骑至司马门，不敬，夺爵一级为关内侯。"

曹植在某次宫廷宴饮之后，驰马司马门而出。

曹操大怒，将守门的公车令处死。连下数令公开申斥曹植。说："始者谓子建，儿中最可定大事。……自临淄侯植私出，开司马门至金门，令吾异目视此儿矣。"

二错，醉酒误王命。

公元219年7月，关羽北伐曹魏，围曹魏大将曹仁于樊城。曹操命曹植为南中郎将，行征虏将军。准备派他率军救援樊城。

曹丕先得到消息，宴请曹植，把他灌得酩酊大醉。到曹操召曹植来传达命令的时候，曹植酒醉未醒，无法受命，曹操暴怒。

随即改命于禁、庞德率七军出发。

结果，关羽水淹七军，擒于禁、斩庞德、破樊城、围襄阳，天下震动。

自此以后，曹操彻底对曹植失去了信任。

不久，曹操在高台上看到曹植的妻子崔氏身穿华丽的绣衣，这位崔氏就是崔琰的侄女。曹操以崔氏违反了禁止穿锦绣的制度为名，命她返回娘家，赐死。

眼看关羽的威胁越来越大，曹操暗中联络孙权，又派殷署等人率兵十二营前去增援襄樊，自己也进军就近指挥全局。

而后，孙权派大将吕蒙偷袭荆州，攻占关羽的大本营江陵。

关羽被迫撤兵西还，在麦城被孙权所部活捉，随即被处死。

孙权亲自率军击败关羽余部，占领荆州，孙刘联盟正式破裂。

当年冬天，孙权感觉到冷清和前所未有的孤立，自己虽然扩大了地盘，但是将要独自面对曹操和刘备两个敌人。

于是，孙权改变策略，想和曹操建立更广泛的政治关系。他上书称臣，并劝说曹操称帝。

曹操将孙权所书遍示群臣，众人都劝曹操登基。

曹操还是不想废汉自立，他说："若天命在吾，吾为周文王矣。"

周文王姬昌自己并未称王，是他的儿子周武王姬发推翻了商朝，随后成为周天子。曹操这是暗示希望自己的儿子将来能够称帝。

公元220年3月15日，66岁的曹操病逝于洛阳。谥号为魏武王。根据曹操的遗嘱，他于4月11日被安葬于邺城西郊的高陵。

1800年来，曹操墓始终是个谜。

曹操生前，为了筹集军费，在军中设置发丘中郎将和摸金校尉的职位，专门负责盗墓。这支盗墓正规军的光辉战绩之一就是打开了汉景帝的弟弟梁王刘武之墓，直接把汉献帝刘协气哭了。

陈琳在《为袁绍檄豫州文》中说曹操"卓特置发丘中郎将、摸金校尉，所过隳突，无骸不露。"曹操大概是盗墓盗多了，也怕别人来个照此办理，所以他为自己的墓搞了各种障眼法。

蒲松龄在《聊斋》的卷十中记载了一个"曹操冢"的故事。

许城外有河水汹涌，近崖深黯。盛夏时有人入浴，忽然若敲刀斧，尸断浮出；后一人亦如之。转相惊怪。邑宰闻之，遣多人闸断上流，竭其水。见崖下有深洞，中置转轮，轮上排利刃如霜。去轮攻入，中有小碑，字皆汉篆。细视之，则曹孟德墓也。破棺散骨，所殉金宝尽取之。

异史氏曰："后贤诗云：'尽掘七十二疑冢，必有一冢葬君尸。'宁知竟在七十二冢之外乎？奸哉瞒也！然千余年而朽骨不保，变诈亦复何益？呜呼，瞒之智正瞒之愚也！"

这里说曹操墓在许昌城外的河里。其余还有七十二疑冢说，有漳河水底说等。

公元2009年年底，"安阳发现曹操墓"的消息轰动一时。

据当时的媒体报道，在河南省安阳县安丰乡西高穴村有一座窑场取土点，被废弃后，本地村民在上面种上了庄稼。

2005年年底，一村民在给庄稼浇水时，发现有一个洞在向下渗水，由于这一带墓葬密集，就推测下面可能是古墓。到第二年年初，有人发现这座墓有被盗的痕迹。

2008年，安阳县安丰乡派出所侦破了一起盗墓案，经查实被盗掘的就是这座东汉大墓，警方从盗墓贼手中缴获了三块墓内汉画像石，上面有"主簿车"、"咸阳令"等字样，画像石的下部为水陆攻战的场面。

从画像石的铭文来看，墓葬规格相当高，可能是东汉末年的高级贵族墓葬。

随后，又收缴了一批文物，在一块瓷枕上刻有"魏武王御用"的字样，在几块刻铭石牌上刻有"魏武王"的字样。这里提到的"魏武王"很可能就是曹操。

2008年年底，河南省文物局报请国家文物局批准后，由河南省文物考古研究所开始对墓葬进行抢救性考古发掘。

在西高穴村南的这座东汉墓墓地平面为甲字形，坐西向东，主要由墓道、前室、后室和四个耳室组成。墓地占地面积约800平方米，通过一个约40米的斜坡墓道，直接通到墓室门口，墓道带斜坡的双室砖券。

墓室中有多个盗洞，考古人员推测从魏晋时期以来，墓室曾多次被盗。

但还是有一批随葬品被发掘出来，包括铜带钩、水晶珠、玛瑙珠、石圭、石璧、石枕、刻铭石牌和陶俑等物。

其中有刻铭石牌共59件，在8件圭形石牌上刻有"魏武王常所用格虎大戟"、"魏武王常所用格虎大刀"的字样。

另外，警方在追缴中也发现属于该墓被盗出土的一件石枕，上面刻有"魏武王常所用慰项石"的铭文。

在清理墓室的过程中，发现有人头骨、肢骨等部分遗骨，专家初步鉴定为一男两女，其中，墓主人为男性，60岁左右，而曹操死时为66岁，年龄大体吻合。

2008年12月27日，河南省文物局在北京宣布安阳县安丰乡西高穴村的东汉大墓，经权威考古学家和历史学家研究，认定为曹操高陵。

确定的理由有六条。

1. 墓葬总长度近60米，且砖券墓室的形制和结构均与已知的汉魏王侯级墓葬类似，也符合曹操的魏王身份；该墓未发现封土，与曹操墓"因高为基，不封不树"的文献记载相符。

2．墓葬出土的器物、画像石等物具有汉魏特征。

3．墓葬位置与文献记载、出土鲁潜墓志等材料的记载完全一致。

据文献记载，曹操于建安二十五年正月病逝于洛阳，二月，灵柩运回邺城，葬在了高陵，高陵在"西门豹祠西原上"。西门豹祠位于漳河大桥南行一公里处，而这座东汉大墓就在西门豹祠以西。

1998年西高穴村西出土了后赵建武十一年大仆卿驸马都尉鲁潜的墓志，上面所记载魏武帝陵的具体位置与这座东汉大墓相符。

4．据文献记载曹操主张薄葬，他临终前的《遗令》写道："殓以时服"、"无藏金玉珍宝"，而这座东汉大墓墓葬规模不小，但墓内装饰十分简陋。石牌、石枕上面的义字可证皆为曹操平时"常所用"之器，一些玉器等装饰品也应是墓主人日常佩戴之物。

5．最为确切的证据就是刻有"魏武王"铭文的石牌和石枕。据文献记载，曹操生前先封为"魏公"，后进爵为"魏王"，死后谥号为"武王"。出土石牌、石枕刻铭称"魏武王"，正是曹操下葬时的专属称谓。

6．墓室中发现的男性遗骨年龄在60岁左右，与曹操终年66岁大体吻合。

曹操死在洛阳的时候，情况非常危急，他奋斗了一生的事业很可能遭遇颠覆性的挫折。

一、继承人不在身边，太子曹丕和曹植在邺城，曹彰在长安。众人主张先秘不发丧，以免有变。

二、连年征战，百姓对年复一年的劳役怨声载道，当地又爆发了非常严重的疫情，军心不稳。最先骚动的就是当年收编黄巾军所组建的"青州兵"，他们公开敲着鼓大批逃亡。众人主张严令禁止，并立刻追捕逃亡的士卒。

当时由谏议大夫贾逵主持丧事。他力排众议，立刻派使者向曹丕和曹植等人通报消息。

然后，贾逵发出长檄公文，让地方政府给回家的青州兵提供粮食。这场大风波渐渐平静下来，没有激起兵变。

但是，一波未平，一波又起。

太子曹丕还没到，鄢陵侯行越骑将军曹彰已经率军从长安赶到洛阳。

曹彰一见贾逵就迫不及待地问："先王的玺绶在哪里？"

贾逵面对这员虎将，脸色凝重地大声回答："太子在邺城，国家有储君。先王的玺绶不是君侯你该问的！"

曹彰在战场上八面威风，气吞山河。可是此时此刻面对贾逵，面对这凛然正气和非凡的勇气，他无言以对，退缩了。

贾逵安排将曹操的遗体入殓，送到邺城，由太子曹丕主丧，并奉诏迎曹丕为魏王、丞相，领冀州牧。卞王后成为王太后。

至此，曹操的立储算是和平过渡，虽然他很晚才确定了太子的人选，也曾有过动摇，但是他始终能够掌握全局，把夺嫡之争的烈度控制在一定范围之内。

在他的生前，几个儿子没有过激的行为，也没有公开诽谤过自己的兄弟。

曹丕正式接班后，立刻下令，让曹植、曹彰等诸侯回到封地去，远离政治中心。

然后杀掉一贯在曹操面前替曹植说好话的丁仪、丁廙兄弟。

当年10月，汉献帝刘协被迫让位，曹丕受禅登基，以魏代汉。曹丕就是汉文帝，他的生母卞氏成为皇太后。曹操被追尊为魏武帝。

登上皇位的曹丕感慨万千："我现在明白舜和禹通过禅让成为天子是怎么回事了。"

想起曹植还活着，魏文帝曹丕坐立不安，他想杀掉曹植，但遭到卞太后坚决反对，她说："你已经杀我的曹彰，再要杀曹植，我也不想活了。"

曹丕不甘心，以"醉酒悖慢，劫胁使者"的罪名，将曹植贬为安乡侯。

后来曹植屡次被转迁封地，转迁一次便搬家一次，搬好家就被软禁起来，年仅41岁就抑郁而终。

曹丕当上太子的路非常坎坷。

他不如大哥曹昂孝顺廉正，不如七弟曹冲聪明善良，不如三弟曹彰勇武好斗，不如四弟曹植文采风流。

他所凭借的就是自己的智慧，和永不放弃的决心。

作为嫡长子的曹丕很清楚，自己是不得不加入这场夺嫡之争的，别人都可以退出，他不行。如果是其他人成为太子，自己就是天然的理所当然的第一号拦路石。

到了那一天，自己的生死就在别人的一念之间了。

所以，曹丕必须赢。

为了实现自己的目标，曹丕将自己深深地包裹起来，一举一动一言一行都是表演，都是为了获得父亲曹操的信任。

其实曹丕完全不是曹操认为的那种人，他根本不具备喜怒不形于色的性格。

正相反，曹丕是一个放浪形骸的家伙。曹丕得到了皇位，但是失去的也很多，他的真性情始终被压抑着。

在朋友王粲的葬礼上，曹丕爆发了，他向这个世界展示出真实的自我，虽然这种展示只是一刻，但是很过瘾、很可爱。

曹丕对参加葬礼的人们说："王粲最喜欢听驴叫，我们大家都来叫一声来送别他。"于是率先垂范，"éng、ěng、èng"地叫了起来，众人随声附和，葬礼上驴鸣一片。

第五幕

隋太子：结党的胜利

【隋文帝　太子之不完全档案】

朝代： 隋

皇帝： 隋文帝 杨坚

杨勇： 杨坚长子，独孤皇后所生。

杨广： 杨坚次子，独孤皇后所生。

杨俊： 杨坚三子，独孤皇后所生。

杨秀： 杨坚四子，独孤皇后所生。

杨谅： 杨坚五子，独孤皇后所生。

斗争： 假传遗诏

继位者： 隋炀帝杨广

第一场　杨坚的五个儿子

　　自东汉末年以来，历经军阀混战三国演义。到公元263年，曹魏灭蜀汉，到公元266年由晋武帝司马炎取代曹魏政权而建立"西晋"。公元280年西晋灭孙吴，结束了三国鼎立的分裂局面，中国重新统一。

　　但这次统一极为短暂，到公元316年西晋正式灭亡，西晋朝廷只维持了不到50年。

　　随后中国再次陷入混战，近300年的混战，直到隋朝重新统一中国。

　　自清末的鸦片战争到公元1949年，中国乱了100年，已经是山河破碎，民不聊生了。与之相比，隋朝建立之前的300年，百姓的命运又岂止是3倍的悲惨。

　　那是最糟糕的时代，那是愚昧的年头，那是怀疑的时期，那是黑暗的季节，那是失望的冬天。

　　东晋在南方，五胡十六国在北方。

　　东晋算是西晋的延续，"五胡"包括匈奴、鲜卑、羯（匈奴别支）、羌和氏（包括大月氏、小月氏、巴氏、仇池氏），代表建立北方诸国的主要民族。"十六国"则是北方比较有代表性的十六个王国，包括成汉、前赵、后赵、前凉、前燕、前秦、后燕、后秦、西秦、后凉、南凉、西凉、北凉、南燕、北燕及胡夏等国。而实际上，建立北方诸国的不止五个民族，还有汉族、高句丽族、丁零族、北马兰羌、巴、卢水胡、杂胡、铁弗、乌桓、九大石胡、姜、扶余、坚昆等民族。在北方也不止十六国，而是先后建立过大大小小共78个政权，如仇池、代国、宇文部鲜卑、段部鲜卑、冉魏、西燕、吐谷浑、谯蜀和内迁丁零之翟魏等。

到公元420年，东晋大将刘裕即帝位，建立刘宋，南朝开始。

到公元439年，北魏太武帝拓跋焘统一北方，使北魏和刘宋形成南北对峙的局面，南北朝开始。

此后，南北方王朝历经更迭，南朝有刘宋、南齐、南梁和陈四个朝代。

北朝有北魏、西魏、东魏、北齐和北周五个朝代。

这300年，有名有姓的皇帝有六十多人。

南方：

东晋司马氏11人，平均在位时间不足10年。

刘宋刘氏8人，平均在位时间不足8年。

南齐萧氏6人，平均在位时间不足4年。

南梁萧氏5人，平均在位时间不足11年。

陈朝陈氏5人，平均在位时间不足5年。

刘宋刘氏8人，平均在位时间不足8年。

刘宋刘氏8人，平均在位时间不足8年。

北方：

北魏拓跋氏13人，平均在位时间不足12年。

西魏元氏3人，平均在位时间不足8年。

东魏元氏3人，平均在位时间不足6年。

北齐高氏6人，平均在位时间不足5年。

北周宇文氏5人，平均在位时间不足5年。

其间，几乎每次朝代的更迭都有惨烈的厮杀。同时，南北朝之间又有连绵不断的战争。人民渴望和平和稳定，渴望一个统一的国家。

公元541年，杨坚生于冯翊般若寺，因为他的父亲是西魏官员，而西魏是鲜卑族创建的政权，所以他有鲜卑族的姓氏和小名。杨坚的鲜卑小名为那罗延（意为金刚不坏），鲜卑姓氏为普六茹。他的父亲是西魏随国公杨忠，杨忠后来做了北周的柱国、大司空。

杨坚长大以后，在北周时曾官拜骠骑大将军，又封为大兴郡公，后来继承了父亲的柱国爵位。杨坚的长女杨丽华是北周宣帝宇文赟的皇后，一时间权倾朝野。

公元579年，北周宣帝宇文赟传位给年仅7岁的太子，这就是北周静帝宇文阐（非皇后杨丽华所生）。

公元580年，北周宣帝宇文赟病逝。近臣刘昉、郑译是杨坚的朋友，对先是秘不发丧，而后以太上皇的名义假传圣旨，以杨坚为总知中外兵马事，使杨坚集军政大权于一身。

杨坚立刻以护送千金公主出嫁突厥为由，召北周宇文氏诸王：赵王宇文招、陈王宇文纯、越王宇文盛、代王宇文达、滕王宇文逌进京，削去军权。

不久，相州总管尉迟迥发兵讨伐杨坚，关东诸州群起响应，总计人马40万。杨坚坐镇中央，派出岳父的好友，上柱国大将军韦孝宽率军平叛。

这次战争的关键之战在邺城，邺城之战在中国战争史和中国围观史上都留下了浓重的一笔。

韦孝宽军先是节节胜利，逐渐逼近尉迟迥的根据地——邺城。尉迟迥集中13万人马，在城南列阵，准备决战。

大概是因为作战的一方曾是政府军，而另一方就是政府军。邺城百姓充满了安全感，发扬中国人的传统，扶老携幼奔走相告，聚集了数万人出城围观。

此时，尉迟迥的弟弟青州总管尉迟勤增援邺城，他的先锋3000骑已到，5万主力尚在途中。

韦孝宽眼看敌人的军队正在聚集，他果断发起进攻，双方在邺城城外展开激战。

尉迟迥背城一战，已无后路，他亲自披甲上阵，率兵死战，将韦孝宽军击退。

眼看就要全军败退，韦孝宽部将宇文忻和监军高颎、长史李询商定：先射观者，造成混乱，然后乘势攻击。

随后韦孝宽军万箭齐发，射向围观群众。数万群众纷纷逃避，喊声震天。哭爹喊娘地向城门奔去，冲乱了城外的尉迟迥军大阵。

宇文忻趁机高喊："贼败矣！"

韦孝宽军士气大振，乘乱进击，大败尉迟迥军，攻破邺城。尉迟迥自杀，尉迟勤被擒，这一场变乱68天即宣告失败。

从此，邺城百姓得出一个结论：战争有危险，围观需谨慎。

公元580年9月28日，北周静帝宇文阐任命杨坚长子杨勇为洛州总管、东京小冢宰，管理北齐旧地。

9月30日，北周静帝宇文阐罢左、右丞相之官，改杨坚为大丞相。

12月2日，北周静帝宇文阐晋升杨坚为相国，总管全国文武百官；晋封随王，杨坚启奏时不再称名，加九锡。

公元581年2月14日，北周静帝宇文阐被迫下诏禅让，杨坚"受禅"称帝建立隋朝，定都大兴，杨坚就是隋文帝。立王妃独孤氏为皇后，长子杨勇为太子。

2月19日，杨坚将北周宇文皇族诸子全部诛杀。

5月9日，杨坚暗杀了9岁的宇文阐，而后隆重祭悼，葬于恭陵。

公元587年10月26日，杨坚废西梁后主萧琮，西梁灭亡。

公元588年，杨坚派次子杨广率军出六合、三子杨俊率军出襄阳、杨素率水军出永安，三路大军共518000人，进攻陈朝。

公元589年2月10日，隋军攻入陈朝都城建康，活捉陈后主陈叔宝，陈朝灭亡。

不久，各地纷纷平定，中国再次统一。

鉴于近300年的战乱，民穷国弱。隋文帝杨坚以富国为首要目标。

首先，根据当时按人口收税、安排徭役的制度，推行输籍法，作全国性的户口调查。结果查出没有户籍的百姓165万余人，为增加国家税收，改善经济打下基础。

其次，取消盐、酒国家专卖制度，取消入市税，又多次减税，减轻人民负担。同时政府规定定期把土地分配给平民。分配的土地有以下几类：一、露田，由17岁至59岁的受田人持有和耕种，59岁以后要退还给国家再作分配；二、永业田，可以继承，通常用来种植桑麻；三、园宅田，可以继承。

然后，简化地方行政机构，实行州县二级制，使行政机构更精简更有效。隋朝全国的行政经费，缩减到南北朝时期的三分之一而已。

接着，开创了科举制度，命各州每年选拔三人，应考"秀才"，开始从更广泛的人民群众中选拔公务员。

国事以外，在家务事上，隋文帝杨坚有一项特别之处，他当时是绝无仅有的一夫一妻的皇帝。杨坚本人为此也颇为自得："前世皇王，溺于嬖幸，废立之所由生。朕傍无姬侍，五子同母，可谓真兄弟也。岂若前代多诸内宠，孽子忿诤，为亡国之道邪!"

杨坚认为：以前的帝王由于妃嫔众多，经常会因为宠爱偏妃，而选择非嫡出之子继承皇位，造成朝廷的动乱。而他共有5 个儿子，长子杨勇，次子杨广，三子杨俊，四子杨秀，五子杨谅都是独孤皇后所生，所以不会出现类似的问题。

那么，隋文帝的继承人问题会像他想象的这么风平浪静吗？

第二场　独孤后的管理学

独孤后名叫独孤伽罗，河南洛阳人。她是北周柱国、大将军独孤信的七女儿，14岁时就嫁给了杨坚。.

这位将门虎女作风硬派，在结婚时，她就得到了杨坚郑重的誓言，即他终生不和其他女性生育子女。

在北周宣帝宇文赟病逝后，杨坚对是否自立为帝犹豫不决时。独孤后对杨坚说："这是大势所趋，你已经是骑虎难下了，不要犹豫退缩。"

在独孤后母仪天下以后，她的管理学非常别具一格，完全不同与历代皇后的家庭主妇作风。

她主动提出坚决不让独孤氏家族掌握大权，以避免外戚干政。

这真是超人的自信和勇气，以前和以后的后妃往往需要家族的帮助，内外呼应才能巩固自己的地位。而独孤后显然认为自己的位置坚如磐石，且具有非凡的洞察力，放弃了应得的利益，而避免朝廷可能的动荡。

后来，独孤后的亲戚大都督崔长仁犯法当斩，隋文帝杨坚念及皇后的面子，准备赦免崔的罪行。独孤后知道以后，对皇帝说：
"国家大事，岂能顾忌私情？"于是，崔长仁被依法处决。

独孤后和隋文帝夫妇亲密无间，政治见解也很类似，宫内的侍
从称这他们为"二圣"。

每次上朝时，独孤后与隋文帝杨坚一起上班，两个人同乘御辇
来到前殿。隋文帝杨坚处理政务时，独孤后派一名太监去旁听，以
便随时通报情况，她本人则在议政大殿外等候。

当独孤后认为隋文帝杨坚决策有误时，她立刻会提出忠告。政
务处理完毕后，两人又一起下班，同乘御辇回到后宫。

有一次，几个大臣建议所有官员的妻子应归皇后管理。独孤后
答道："以妇人与政，或从此渐，不可开其源也。"她认为这将导
致妇人干政，因此表示拒绝。

还有一次，突厥人向幽州总管兜售一箱价值八百万钱的明珠。
幽州总管将这个消息报告给皇后，并且建议她买下来。但是独孤后
说："我现在不需要明珠，目前国家的边界经常受到威胁，守边将
士浴血奋战，劳苦功高，假如把八百万钱赏赐给有功之臣，岂不是
比我一人独享更有意义？"这个情况传出去以后，朝廷内外一致对
皇后的做法表示钦佩。

独孤后曾经教育公主们说："北周的公主多半骄纵，没有德
行，对夫家的上下都很失礼，导致感情失和。像这一类的情况，你
们要时刻小心避免。"

独孤后的弟弟独孤陀，想用巫术来对付皇后，罪行暴露后，被
定为死刑。

独孤后绝食三天，替弟弟求情："独孤陀如果是行事糊涂害了
百姓，妾不敢言。现在是因为妾犯的罪，请饶他一命。"于是，隋
文帝杨坚下令，独孤陀被从轻处理，免去死刑。

有一利必有一弊，独孤后强烈的个性也必然会触怒隋文帝杨坚。

曾经起兵反对杨坚的尉迟迥死后，他的家族也被株连。尉迟迥的孙女被强制入宫，做了宫女。这位尉迟姑娘极为美貌，在仁寿宫偶遇隋文帝杨坚，得到了杨坚的宠幸。皇帝的这件风流韵事直接导致"二圣"婚姻的最大危机。

独孤后知道了仁寿宫的情况，她一不哭二不闹三不上吊。她用一名将军的果断来处理此事，趁杨坚上朝时，暗中处死了尉迟姑娘。隋文帝杨坚闻讯后怒不可遏，他骑马冲出皇宫，不走大路，专走偏僻无人的小路，向山里奔去。

皇帝皇后两口子闹别扭，往往是皇后被废，至少也是皇后被斥责，甚至打入冷宫。这次却是皇后安然无恙，皇帝离家出走，也是中国皇帝皇后婚姻史上的一件奇闻。

知道皇帝出宫去了，杨坚的亲信大臣高颎、杨素等人赶忙追赶，这支小分队驰入山谷二十多里才追上圣驾。他们拉住皇帝的马缰绳苦苦劝解。

杨坚长叹一声："我贵为天子，连这点儿自由都没有！"这是抱怨自己享有皇帝这个岗位的辛苦，却没有享受到这个岗位的福利。

高颎说："陛下怎能为了一个女子而舍弃天下！"这是强调皇帝这个岗位的责任。

话已至此，限于皇帝和大臣的身份，双方已经不好就这个婚姻危机继续探讨些什么了，局面一时僵住。

杨坚的怒气难平，他勒住丝缰，在原地站了很久，直到月上中天了，郁闷才稍稍纾解，骑马回到皇宫。

独孤后正在寝宫等候皇帝，她泪流满面，向杨坚道歉。高颎、杨素等人又是一番苦劝，皇帝皇后两口子才算和好。

从皇帝离家出走之后，独孤后的心理发生了变化。她曾经无与伦比的安全感消失了，她政治家的风度也消失了，变成了一个偏激狭隘的女人。

独孤后开始嫉恨所有大臣的妾，如果是某位大臣的妾怀孕，那更是成为的重点打击目标。她必定全力鼓动隋文帝杨坚免去这位大臣的官职。

甚至尚书左仆射兼纳言高颎也难逃厄运，高大人因为这种家务事躺着中箭，实在冤枉。

在高颎的妻子贺拔氏死后，独孤后曾对隋文帝说："高仆射老矣，而丧夫人，陛下何能不为之娶？"隋文帝将此话告之高颎，高颎流泪致谢："臣今已老，退朝之后，唯斋居读佛经而已。虽陛下垂哀之深，至于纳室，非臣所愿"。隋文帝因此作罢。

不久，高颎的妾生了个男孩。"二圣"茶余饭后聊天的时候，隋文帝很高兴地说起此事，独孤后的兴致顿时下降到零度。隋文帝发现皇后脸色有变，问她是什么缘故，独孤后说："陛下当复信高颎邪？始陛下欲为颎娶，颎心存爱妾，面欺陛下。今其诈已见，陛下安得信之。"

隋文帝从此开始疏远高颎。

要知道高颎出将入相，是连唐太宗李世民都很钦佩的人物。唐太宗曾经对留任的隋朝官员一致盛赞高颎的政绩大为惊讶不解。阅读过高颎的传记之后，唐太宗说："朕比见隋代遗老，咸称高颎善为相者，遂观其本传，可谓公平正直，尤识治体。"

在消灭陈朝的时候，虽然杨广是主帅，但只是名义上的总指挥，一切行动都是由高颎来处理的。

尔后贺若弼、韩擒虎二将争功，闹得不可开交，甚至在隋文帝杨坚面前也争执不休。贺若弼说："臣大破敌军精锐部队，显示了大国的威武，才得以平定陈朝。韩擒虎少有大战，岂能与臣相比！"韩擒虎说："臣奉圣旨，与贺若弼同时出发攻击陈国都城。而贺若弼不遵圣旨，竟然先行开拔，逢敌而战，以致将士死伤甚多。臣以五百轻骑，兵不血刃，直取建康，活捉陈后主陈叔宝，占得府库，覆灭其巢穴。贺若弼所部到黄昏才打到城下，是臣开城将他迎入，他充其量不过是将功补罪，岂能与臣相比！"贺若弼大怒，拔刀刺向韩擒虎，众人一拥而上，把两人劝开。

当隋文帝命高颖来讨论这次战功分配的时候，高颖却谦虚地说："臣一介文吏，焉敢与大将军论功？"隋文帝哈哈大笑，对高颖不居功自傲的精神表示赞赏。

高颖现在是文官之首，地位相当于总理，并且他家还与独孤后家很有渊源。皇后的父亲独孤信曾将自己的姓赐给高颖之父，因此杨坚一直称高颖为"独孤"。

况且，高颖之子高表仁娶了太子杨勇之女为妻，他还是皇帝的亲家。也算是太子党的核心。

英国人说：

丢失一个钉子，坏了一只蹄铁；

坏了一只蹄铁，折了一匹战马；

折了一匹战马，伤了一位骑士；

伤了一位骑士，输了一场战斗；

输了一场战斗，亡了一个帝国。

高颖被冷落，就是太子地位出现危机的一个先兆。

独孤家族笃信佛教，独孤后的名字"伽罗"就是梵语。

独孤后本人礼佛极为虔诚，她经常安排在宫内晚间读经，也曾经督促几位王子接受佛门的训练。

以前每当司法机构宣布死刑名单时，独孤后都要哭泣一番。

现在她越来越热衷于做法事、赐斋和布施给寺庙。

三国两晋南北朝以来，由于战乱频繁，百姓和官员，乃至皇族，信奉佛教的人群非常广泛，这是一种时尚。

但有一点要说明的是，这时的佛教并不是后来那种拈花一笑式的妩媚，而是斩将夺旗式的彪悍。

在这几百年的战争风云中都有僧侣的影子，他们一般担任美军随军牧师式的角色。如果某位将军中箭落马，在万马军中，立刻就会有一位僧侣疾步上前。他低声在伤者的耳边念诵经文，为伤者祈福祷告。而伤者心诚则灵，往往会精神百倍，虽然已经血染征袍，却能立刻提刀跃马，上阵再战一百回合。

有些僧侣参与战争的程度更深，做到了参谋一样的角色。

比如在东晋十六国时的"参合陂之战"，就出现了一位法名支昙猛的僧人高参。

当时，后燕太子慕容宝率军十万攻击北魏。

两军隔着黄河相持几十天后，后燕军中内乱，虽然立刻平定，但劳师远征军心不稳。到了十月，后燕太子慕容宝看到黄河尚未结冰，命令烧掉船只，然后撤退。

慕容宝认为北魏军没有船无法渡河，不可能追击，就没有安排后卫掩护的军队。

后燕军正在回师的路上，忽遇大风。随军的僧侣支昙猛劝告慕容宝："狂风暴起，敌军很可能追上我军，应该警戒防御。"

慕容宝认为有黄河天险，不必这么大惊小怪。但支昙猛继续坚持自己的意见。

旁边的赵王慕容麟厉声呵斥支昙猛："以太子殿下的神勇，士兵的精锐，足以横行沙漠，敌军怎么敢追击我们。再妄言惑众，定斩不饶！"

支昙猛苦谏："前秦苻坚以百万之众，败于淝水之战，还不是因为恃众轻敌吗？"

慕容宝被说服了，他派出一支人马担任后卫。但千不该万不该，他派的是痛斥支昙猛的赵王慕容麟。

赵王慕容麟认为这和尚根本是受虐妄想狂，他这支后卫部队一路行军一路打猎，毫无防范。

不料，经那一夜暴风，气温骤降，黄河结冰。

北魏军丢弃辎重，选出精骑两万越过黄河，追击后燕军。

六天之后，北魏军在参合陂追上后燕军主力部队，展开突然袭击。后燕军一败涂地，太子慕容宝带领数千士卒突围逃走，其余数万士兵投降，全部被坑杀。

到了隋朝，国家太平。佛教依然流行，但日趋温和。开始杨坚在宗教问题上没有公开的倾向，他说过："朕敬道之潜移默化之神力，以登太虚之境。朕奉释氏一不可分之真髓，老子追求一体之理念。"后来由于独孤后的影响，他逐步倒向佛教，甚至宣传"佛以正法付嘱国王，朕是人尊，受佛嘱咐。"

到公元601年，隋文帝杨坚布置了一场盛大的佛教活动，由皇帝亲手将释迦摩尼的舍利装在宝瓶内，然后由高僧携带，分赴全国各地安置。同时，隋文帝杨坚和独孤后召见367名做佛事的僧人，随后摆设斋宴。

从以上种种情形来看，独孤后对于隋文帝来说，不仅仅是一个伴侣，更是一个政治伙伴。

第三场　太子杨勇摇摇欲坠

杨勇，小名睍地伐（参照杨坚一家的命名传统，应为佛教用语，但具体含义不明）。

作为嫡长子，他的太子地位似乎是牢不可破的。

在北周时，因为祖父杨忠立有军功，杨勇被封为博安侯。后来杨坚执政，立杨勇为世子，拜大将军、左司卫，封长宁郡公。一度任洛州总管、东京小冢宰。后来回到京师，升为上柱国、大司马，领内史御正。杨坚称帝，立杨勇为太子，参与决断"军国政事及尚书奏死罪已下"事务。作为官方认定的接班人，他每个台阶都走得稳稳当当，一路顺风顺水。

杨勇被立储之后，四个弟弟都去地方任职，成为一个地区的军政一把手，以拱卫京师。二弟晋王杨广出镇扬州，三弟秦王杨俊出镇并州，四弟越王杨秀出镇益州，五弟汉王杨谅出镇雍州。

杨勇个性宽厚，生性好学，有些文学天赋，他的朋友明克让、姚察、陆开明等人，没有政客，都是文人。

隋朝初年，由于连年战乱，山东一带聚集了很多流民，给当地的治安带来威胁。

为了解决这个问题，隋文帝杨坚计划把这些流民北迁，迁到边疆去。他觉得这是一举两得的办法，既解决了流民的隐患，又可以补充边疆的人口。

但太子杨勇有不同的看法，他上书杨坚：

窃以导俗当渐，非可顿革，恋土怀旧，民之本情，波迸流离，盖不获已。有齐之末，主暗时昏，周平东夏，继以威虐，民不堪命，致有逃亡，非厌家乡，愿为羁旅。加以去年三方逆乱，赖陛下仁圣，区宇肃清，锋刃虽屏，疮痍未复。若假以数岁，沐浴皇风，逃窜之徒，自然归本。虽北夷猖獗，尝犯边烽，今城镇峻峙，所在严固，何待迁配，以致劳扰。臣以庸虚，谬当储贰，寸诚管见，辄以尘闻。

杨勇认为，这些人之所以沦为流民，是因为他们的家乡发生了战争。要不是迫不得已，没有人愿意背井离乡。身为流民，已经够苦了，就不要再难为他们了。再说现在国家已经统一了、强大了，北边的突厥虽然也曾经来袭扰，但现有的边防力量足以抵挡，也没有必要迁移这些流民。只要给他们几年时间，自然能感受到皇帝的关怀，到时候流民自动会回到家乡去的。

在这篇文章中，杨勇的性格和文笔都有所体现。

隋文帝杨坚看后，非常高兴，就放弃了迁移流民的计划。

此后，杨勇对朝政的建议，基本都会被采纳。

太子杨勇颇有些艺术家的气质，他偶尔发现一件蜀铠，兴趣盎然，在上面增添了些装饰。

隋文帝杨坚发现了，很不高兴，在他眼里任何东西的实用性是第一位的，艺术性是不必考虑的问题，华丽的装饰是崇尚奢侈的表现。隋文帝杨坚告诫太子杨勇："我听说天道没有亲疏远近，只会降福于有德之人。看看前代帝王，未有喜爱奢华而能长治久安的。你作为太子，如不能上称天心，下合人意，怎能承继宗庙的重任，居于万民之上？朕将以前穿过的衣服留下一件，时常拿出来翻看，以警戒自己不要忘本。今日赐你一刀，你要理解朕的心意。"

这一番告诫，表现了杨坚殷切的期望和关怀之情。

至此为止，父子的感情还很融洽。

转眼到了冬至，群臣朝见太子杨勇，杨勇也很高兴地下令奏乐，接受他们的朝见。

隋文帝杨坚把这件事拿出来讨论。太常少卿辛亶说："按照礼制，大臣对太子应该只能用贺，而不能用朝见。"

隋文帝杨坚认为太子违反礼制，他说"过节祝贺一下，是人之常情，有三五十个人，自己跑去祝贺一下是很正常的。怎么会让有司衙门出面通知，所有的官员全部到齐，太子穿了正式的礼服，奏乐接受朝见的事情？"于是下令："礼有等差，君臣不杂，爰自近代，圣教渐亏，俯仰逐情，因循成俗。皇太子虽居上嗣，义兼臣子，而诸方岳牧，正冬朝贺，任土作贡，别上东宫，事非典则，宜悉停断。"规定大臣不得再以朝见礼去见太子。

此事表面看起来是个礼貌问题，但却成为太子命运的转折点。这是因为在古代中国，礼仪是朝廷大事，是一切制度的基础。太子杨勇一着不慎，招致隋文帝的不满，进而愈加怀疑太子的动机。所以才明令禁止，并且在通知里强调太子的地位也是臣，而不是君。

后来，隋文帝挑选宫廷侍卫时，把精锐都选到自己身边。

高颎表示：这样一来，恐怕保护东宫太子的侍卫过于不足了。

这个意见让隋文帝非常生气，他高声反驳："朕经常出巡，所以需要精锐侍卫。太子身居东宫，要强壮的侍卫干什么？"

每个人都是经验主义者，隋文帝杨坚也不例外，他当年凭武力踢开北周宇文氏，登上帝位。这个经验也就自然成为他判断别人的行为准则，高颎的说法触到了隋文帝心中的沟壑。

上述种种情形，已经显示出父子的感情已经逐步淡化，两人的关系渐渐有亲情变成政治关系。杨坚反复强调的都是两人的身份，要太子严守本分，不要有非分之想。

但太子身边都是文人，对政治完全无知，对于太子的应对策略，没有一个人提出过任何有建设性的意见。太子也从来没有对父母所热衷的佛教表示出过任何兴趣，但这还不是最糟糕的，最糟糕的是太子杨勇的夫妻关系犯了独孤后的大忌。

杨勇对太子妃元氏极为冷淡，独孤后早就公开表示不满。

而杨勇的许多妾侍中有位云昭训，特别得到宠爱，受到的待遇甚至与太子妃不相上下，这让独孤后的不满更上一层楼。

深宫中的女人本就寂寞，心情不好身体就更弱，被冷落的元氏得了病，两天后突然去世，杨勇立即让云昭训开始管理东宫。

独孤后的不满登上了鹳雀楼，太子杨勇却没放在心上，元氏尸骨未寒，东宫里添丁进口喜事不断。

就在独孤后的眼皮底下，就在这几年的时间，东宫云昭训生连生三子：杨俨、杨裕和杨筠；高良娣连生两子：杨嶷、杨恪；王良媛连生两子：杨该、杨韶；成姬生杨煚；后宫宫女也连传捷报，给太子杨勇生了杨孝实和杨孝范。

独孤后开始怀疑是杨勇与云昭训合谋害死太子妃，她派人去东宫暗察太子杨勇的过错。

太子杨勇和父母在世界观、婚姻观上都有了偏差，他处理事情的方法自然就难入"二圣"的法眼，隔三岔五地被皇帝和皇后斥责。

宫闱里的消息传播得最快，太子被训斥的新闻还没落地，就顺着趴在大兴宫御水河底的耳报神出了宫墙，没几天就传到了扬州城晋王杨广的耳朵里。

晋王杨广深知"二圣"的好恶，他早就开始夹着尾巴做好孩子了。

当初，攻入陈朝都城建康的时候，杨广听说陈后主的妃子张丽华是个美女，他特意派人告诉在前线的高颎，留住张丽华。高颎说："自古红颜祸水，以前姜太公杀了妲己，现在也不能留张丽华！"随即杀了这个传说中的美人。杨广听到这个消息，咬牙切齿："昔人云，'无德不报'，我必有以报高公矣！"

这个爱美人的晋王杨广，现在却在独孤后面前表现得像个一夫一妻制的忠实信徒。杨广在众人面前只和王妃萧氏朝夕相处，其他侍妾即使怀了他的孩子也不许生下来。

晋王杨广进京汇报工作的时候，对"二圣"派来的每个人都毕恭毕敬，远接高迎，设宴款待，送上厚礼。这些人都在"二圣"面前夸赞晋王仁孝。

等"二圣"亲自到晋王府的时候，杨广大搞行为艺术，把年轻漂亮的侍女关在小黑屋里，把年老丑陋的都派出来，在自己周围侍候；华丽的屏风帐幕都改成便宜的布匹、简约的风格；把乐器的弦弄断，搞得脏兮兮的，看起来是好久没用过了。

独孤后每次都大倒苦水，抱怨太子："睍地伐渐令人不可耐，我为伊讨了元家女，望他们能兴隆基业，可竟然不闻他们做夫妻，而专宠阿云，使元家女犹如嫁给猪狗。元家女本无病痛，忽然暴亡，恐是他们派人下毒，才致使她夭折。事已如此，我也不能穷究，为何又在你的面前发如此意？我尚在，他竟敢如此，我死后，岂不要鱼肉你？每思东宫无正嫡夫人，一旦至尊千秋万岁之后，你等兄弟当要到阿云儿前再拜问讯，此是何等的大痛苦！"

独孤后说到云氏专宠，杨广也跟着痛心疾首；独孤后说到元氏夭亡，杨广也跟着忿忿不平；独孤后说到云氏将来要做皇后，杨广也跟着不堪其辱。

杨广的表演很成功，完全符合"二圣"的世界观和婚姻观，他也就自然成了个心爱的儿子，俨然有取代太子地位的趋势。

终于，隋文帝杨坚开始试探更换太子的可能性了。

隋文帝问上仪同三司韦鼎："朕这几个儿子，哪个可以继承皇位啊？"

韦鼎回答："陛下和皇后最喜爱的儿子应当继承皇位，但臣不敢预测是谁。"

隋文帝笑道："你不肯明说呀！"

隋文帝又问高颎："有神仙告诉晋王妃，说晋王杨广将成为天子，你怎么看？"

高颎毫不犹豫地回答："长幼有序，其可废乎！"

隋文帝默然而止。

隋文帝杨坚下朝以后，和独孤后讨论这件事。隋文帝因为高颎的儿子高表仁是太子杨勇的女婿，所以认定高颎是天然的太子党。因此这次高颎反对立晋王杨广为太子，根本不是为了隋朝，而是为了他自己的私利。独孤后因为高颎的爱妾生了男孩，认为高颎不专一，不值得信任。

"二圣"殊途同归，越想越觉得高颎的动机很可疑。

不久，朝廷展开远征辽东的辩论，高颎反对发动这场战争。

但反对无效，隋文帝决定远征辽东，和征讨陈朝的时候一样，隋文帝的一个儿子汉王杨谅担任名义的统帅，高颎担任实际的指挥。

汉王杨谅热情很高，对军务指手画脚。高颎拒绝采纳这位外行统帅的意见。

结果，隋军遇到洪水和瘟疫的双重打击，无功而返。

回师以后，汉王杨谅怀着一肚子的郁闷，向独孤后哭诉，说高颎想杀死他。

隋文帝也知道了这件事，他找了个理由对高颎展开调查。

上柱国贺若弼、吴州总管宇文弼、刑部尚书薛胄、民部尚书斛律孝卿和兵部尚书柳述等五名高级官员都认为高颎是无辜的，但隋文帝认为他们都是高颎的老部下，拒绝相信这五人的结论。其他官员一看这种情况，人人闭嘴。

隋文帝杨坚将高颎罢免，用杨素接替了尚书左仆射的职位。

高颎一倒，太子杨勇摇摇欲坠。

第四场　杨广的大设计

晋王杨广看到太子党的核心高颎已经下台，更加积极地联络朝中大臣，扩大自己的势力。他的主要谋士是扬州总管司马张衡。

杨广以前就和安州总管宇文述关系不错，为了让他完全倒向自己，杨广奏请隋文帝以宇文述为寿州刺史，宇文述走马上任的那一天，便成为晋王一党。

杨广向宇文述询问夺嫡之策，宇文述说："太子早就失去皇上的宠爱了，他的美德也不曾传闻于天下。大王以仁孝著称，才能举世无双，多次指挥作战，立有大功。皇上与皇后都钟爱于您，四海之内，确实都归心于大王。"

杨广不动声色，听他把套话说完。

宇文述继续说："但是废立太子是国家大事，处于父子骨肉亲情之间，确实不是他人所能够谋划的。在朝廷大臣之中，能改变皇上主意的，只有杨素一人而已。"

杨广说："我自然知道尚书左仆射杨大人是圣上的智囊，但我们两人没什么交往，任何能让杨素为我所用呢？"

宇文述微微一笑："杨大人是圣上的智囊，他的弟弟杨约却是杨大人的智囊。我和杨约很熟，请让我借入京朝见的机会，与杨约共同图谋此事。"杨广听后大喜，给了宇文述许多珠宝古玩，让他按计而行。

宇文述到了京城，马上宴请杨约。好友相见痛饮一番，随即借酒兴赌博为乐。

宇文述大输特输，把全部珠宝古玩都输给杨约了。

杨约赢得太顺利太夸张，有点儿不好意思，向宇文述表示歉意。

宇文述趁机说出晋王杨广的心意，然后又说："遵循正道，固然是人臣的常情；背离常规而又合于道义，也是一种生存之道。自古以来多少仁人君子，都要顺应形势的变化以避免祸患。"

杨约不解其意，盯着宇文述。

宇文述不愧是新加盟晋王一党的主力，果然是口舌如簧，说得天花乱坠。他接着说："令兄杨素功名盖世，在朝中执政多年，被他所凌辱的大臣不在少数。太子殿下也每每对令兄有切齿之恨。你们兄弟虽然忠于圣上，但想要对付你们的人太多了，圣上一旦驾崩，你们如何能得保平安？"

杨约知道兄长的脾气，杨素为人处事一向颇为自负的，也难免得罪旁人。

在北周的时候，周武帝让杨素拟写诏书，他一挥而就。周武帝鼓励杨素说："你若自强不息，何愁不富贵。"杨素张口就答："只恐怕富贵来逼臣，臣无心图富贵！"

隋朝初年，杨素两口子吵架，他口不择言："我若作天子，卿定不配做皇后！"结果夫人郑氏跑去告御状，隋文帝以妄言之罪免了他的官。

杨约想到这些往事，频频点头。

宇文述看到杨约这种表情，暗暗欣喜，继续他的演讲："如今太子已失去皇后的宠爱，圣上也早有废太子之心，这都是人所共知的。现在令兄一句话就能立晋王为太子，果真能建立大功的话，晋王必定铭记肺腑。你们兄弟又能继续荣华富贵，何乐而不为呢？"

杨约向杨素转告了晋王的意思，杨素大喜过望，高兴得搓着手说："要不是兄弟你的提醒，我可想不了这么长远哪。"

杨约对杨素说："如今皇后说的话，圣上无不听从，兄长应早日联系皇后，则可世代荣华。否则，一旦有变，太子登基，就要大难临头了。"

杨素频频点头。几天过后，杨素入宫侍奉独孤后饮宴，趁机说："晋王孝悌恭俭，和圣上很像啊。"独孤后此时年事已高，早已是老太太了，耳软心活，她一听，就流下泪来："你所言正是，杨广十分孝顺。每次听说圣上和我派人去晋王府，他必定要迎出府门之外，一说到不能在京城孝顺我们，常常痛哭失声。再说他的王妃萧氏也十分乖巧，也会陪着我派去的婢女同吃同睡。哪里像杨勇与云氏那样，每天吃吃喝喝，亲近小人。所以我愈发担心晋王，恐怕杨勇会暗杀他。"

杨素一击得中，了解到独孤后的心意，便极力诉说太子如何不好。

独孤后给杨素很多赏赐，让他劝说隋文帝杨坚废立太子。

顺便说一句，《隋唐演义》里的杨素纯属虚构，杨素不是越王，也不是杨坚的弟弟，他们没有血缘关系。

独孤后、杨素等人的明确支持，让杨广十分满意，但他想到高颎，还是心中不安。这棵大树虽然倒了，但他在圣上心中树大根深，难免有东山再起之日啊。

果然，不久的一天，隋文帝杨坚和独孤后一起去秦王杨俊的府里，把高颎召来侍宴。高颎心情郁闷，悲不自胜，独孤后看到以前神采飞扬的"独孤"现在这副样子，也是悲从中来，哭了。皇后一哭，左右都被感染，大家泪水齐飞。

面对此情此景，隋文帝杨坚也被打动了，他对高颎说："朕不负公，公自负也。"

世事难料啊，情况再次变化。

颎国令上告高颎，说："其子高表仁曾对高颎说：'以前司马懿请了病假不能上朝，最后司马氏建立西晋，有了天下。父亲现在这种情况，焉知非福！'"

隋文帝杨坚闻报大怒，立刻把高颎抓进监狱。随即展开调查，又审出来几句似是而非的诽谤之词。

但高颎毕竟在隋文帝与众不同，杨坚把他高高举起，又轻轻放下了。

有司官员定罪：高颎当斩。

隋文帝杨坚看到这份奏章，却说："去年杀虞庆则，今年斩王世积，如果再杀高颎，天下其谓我何？"把高颎除名为民。

高颎这一跤跌得好痛，但是他心态保持得不错。早年他刚成为尚书左仆射的时候，母亲告诫他说："你富贵已极，恐怕有杀头之祸啊，要小心谨慎。"身居一人之下万人之上，却得到母亲如此的教诲，高颎常常莫名其妙地担心，现在成了老百姓，高颎反倒很高兴，觉得这样的结果胜过杀头了。

但他高兴得太早了，一朝身为太子党，这一生就是太子党，和太子的命运绑在一处了，太子杨勇的命运将决定他的命运。

再说太子杨勇，如今是四面楚歌，周围都是敌人。

杨勇病急乱投医，像个乡下老太太一样，要算一卦，他找来一个叫王辅贤的卜者算命求救。然后按照得来的指示用铜、铁等五种金属作法辟邪。又在东宫后园修了间百姓住的房子，身穿布衣，铺着草褥，住在里面。以为这样就能免灾。

隋文帝杨坚听说这种情况，派杨素去看看。杨素到了东宫门口，故意不进去，让杨勇等了又等。等杨素来见的时候，太子杨勇已经等得气急败坏，口出不逊。

杨素回报隋文帝，说杨勇有怨恨之心，请圣上多作防备，以防不测。

隋文帝将信将疑，但独孤后在东宫的密探每天来添油加醋。晋王杨广也买通了东宫的人，让他们把太子的情形通报杨素，杨素加工一番，又来隋文帝面前火上浇油。

独孤后和晋王杨广这么里应外合，隋文帝杨坚又动了废立太子的念头。

这天上朝，杨坚说："这个孩子早就不适合当太子了。皇后经常劝我废之，我觉得他是我称帝以前所生，又是长子，望其渐改，隐忍至今。"然后历数听来的杨勇劣迹，又说："我恒畏其加害，如防大敌，今欲废之，以安天下。"

左卫大将军、五原公元旻全力劝阻，情绪激动，声色俱厉："废立大事，天子无二言，诏旨若行，后悔无及。谗言荒谬已极，惟陛下察之。"

元旻的拼命力谏，保住了太子杨勇的地位。

杨素马上罗织罪名，说元旻和太子杨勇暗通消息，是太子一党，隋文帝把元旻下狱。

独孤后和杨素继续努力，天天在隋文帝面前告状，"私造火燧"、"私自养马"，等等，太子杨勇的小鞋多得穿不过来了。

每天隋文帝都要派使者来责问太子，太子杨勇就是不服，拒不认罪。

终于，公元600年的一天，太史令袁充的一句话成为压垮太子的最后一根稻草，他说："臣观天文，皇太子当废。"

隋文帝杨坚说："这个天象恐怕出来很久了吧，就是群臣没人敢说。"

于是派人召太子杨勇来见。

杨勇听说这次不是责问，而是让他去面见圣上，大吃一惊。他每天高度紧张，已解决崩溃的边缘，此时此刻对使者脱口而出："这是要杀我了吗？"

隋文帝换上军服，摆上兵器，在武德殿召集群臣。大臣在东面，皇亲在西面，太子杨勇和杨勇的儿子站在中间。

随即宣布废掉太子杨勇的诏书，这篇诏书保存在唐朝贞观年间魏征主编的《隋书·列传第十》中：

太子之位，实为国本，苟非其人，不可虚立。自古储副，或有不才，长恶不悛，仍令守器，皆由情溺宠爱，失于至理，致使宗社倾亡，苍生涂地。由此言之，天下安危，系乎上嗣，大业传世，岂不重哉！皇太子勇，地则居长，情所钟爱，初登大位，即建春宫，冀德业日新，隆兹负荷。而性识庸暗，仁孝无闻，昵近小人，委任奸佞，前后愆衅，难以具纪。但百姓者，天之百姓，朕恭天命，属当安育，虽欲爱子，实畏上灵，岂敢以不肖之子而乱天下。勇及其男女为王、公主者，并可废为庶人。顾惟兆庶，事不获已，叹言及此，良深愧叹！

又命人斥责杨勇："尔之罪恶，人神所弃，欲求不废，其可得耶？"

杨勇跪拜后，面对满朝文武，面对皇室宗亲，面对自己的父亲隋文帝杨坚，他说："我应该被斩首于闹市，以为后人的借鉴，幸蒙哀怜，得全性命！"说完，眼泪夺眶而出，随即再次跪拜行礼，转身就走。

隋文帝杨坚又下诏，左卫大将军、五原郡公元旻，及东宫官员太子左庶子唐令则、太子家令邹文腾等人是太子一党，立刻在广阳门外全部处斩。

11月，立杨广为太子。

12月，杨广任命宇文述为左卫率，统领东宫人马。张衡为右庶子，进入东宫。

杨勇被废之后，被囚在东宫，交由太子杨广看管。杨勇彻底与外界隔绝了，他满腔悲愤，却无人可以诉说。他急不可耐，爬到树上，对着隋文帝杨坚住的宫殿大叫。

杨素对隋文帝说，杨勇神志昏乱，已被鬼魅迷惑，中了妖邪之气。

公元602年，独孤后去世。宣华夫人陈氏、容华夫人蔡氏得到隋文帝的宠幸。

公元604年7月，隋文帝卧病在床。杨广写信给杨素，请教如何处理隋文帝后事和自己登基事宜。不料送信的宫女误将杨素的回信送到了隋文帝手上。隋文帝大怒，立刻召杨广入宫。正在此时，宣华夫人陈氏哭诉杨广曾经调戏她，隋文帝顿悟，拍床大骂："畜生何足付大事！独孤误我！"

急忙命人传大臣柳述、元岩草拟诏书，准备废黜杨广，重立杨勇为太子。杨广得知后，立即将柳述、元岩两人抓进监狱，然后派心腹张衡入宫侍候隋文帝，并将隋文帝周围的侍从打发走。

隋文帝暴崩于大宝殿，杨广继位，他就是隋炀帝。

随后，杨广伪造父亲的诏书处死了杨勇。

公元607年，高颎、贺若弼等老臣对隋炀帝的奢侈有所非议，被人告发后，高颍与贺若弼同时被杀。

对于隋文帝杨坚本人来说，这是一次失败的选择。但是对于隋王朝来说，这次夺嫡之争还算是可以接受的第二选择。

就封建礼法来说，隋炀帝杨广虽不是长子，却也是嫡子，他来做继承人也算是差强人意。就工作经验来说，杨广有过军事战略指挥的经验，也有过在扬州的九年地方处理行政工作的经验。就一个皇帝来说，他也曾和各级官员有过接触，对中央和地方的人事、行政有较深入的介入，登基之后可以很从容地开始管理这个国家。

第六章

唐太子：英雄的对决

【唐高宗　太子之不完全档案】

朝代：唐

皇帝：唐高宗 李渊

李建成：（589年－626年），窦皇后长子，太子。

李世民：（599年—649年），窦皇后次子。

李玄霸：（599年—614年），窦皇后三子，英年早逝。

李元吉：（603年—626年），窦皇后四子。

其他皇子（按时间顺序）：楚王李智云、荆王李元景、汉王李元昌、鄿王李元亨、周王李元方、徐王李元礼、韩王李元嘉、彭王李元则、郑王李元懿、霍王李元轨、虢王李凤、道王李元庆、邓王李元裕、舒王李元名、鲁王李灵夔、江王李元祥、密王李元晓、滕王李元婴

斗争：玄武门之变

继位者：唐太宗李世民

第一场 李渊犹豫不决

唐高祖李渊共有22个儿子，其中前四个儿子都是窦氏所生。分别是太子李建成、秦王李世民、卫王李玄霸和齐王李元吉。

李渊是大唐王朝的开国皇帝，但这不是他的本职工作。他做皇帝以前，是隋朝的太原留守。太原留守李渊从来都很淡定，不会胡思乱想，只求做好自己的官，也不至辱没了祖上飞将军李广的威名。

但当朝天子隋炀帝杨广却是个很有性格的人，他极具艺术家的天赋，想象力十分丰富。动辄规划设计出规模宏大的工程，要不就是弄出跨海征东的大战略。

如果杨广是个三天打渔两天晒网的人，这些设计和构思，终究只是个纸上的巨无霸，并无实际意义。偏巧他是个十足的行动派，时时处处不停歇，催动隋朝政府这架机器高速运转。用老百姓的话说，就是喜欢折腾。

杨广从来不是个喜欢小清新、小浪漫的策划师，他的想法都是能在宇宙飞船上看得到的大项目，比如京杭大运河，征用的民夫往往以十万百万计。

虽说那个年月，百姓为官府服徭役、兵役是约定俗成的事情，但是朝廷如此频繁、如此大范围地动用民力。从宏观上说，削减了在田里劳动的人数，造成农业生产人口不足，粮食的产量急剧下降，国内经济形势恶化。从微观上说，影响了百姓家庭的稳定，人们往往被迫选择逃亡，以逃避朝廷的征召。甚至有些官员也开始亡命天涯，比如李渊家里就收留了几位，有右勋卫长孙顺德，还有右勋侍刘弘基和左亲卫窦琮。而那些百姓既无家可归，又无田可耕，就难免有人铤而走险，举旗造反。

到了杨广在位的第九个年头，除去那些千八百人的小股不算，人数在万人以上的反政府武装就有：齐郡王薄、孟让、北海郭方预、清河张金称、平原郝孝德、河间格谦、勃海孙宣雅等几伙。而天下承平日久，地方的军队战斗力一塌糊涂，这些领工资的公务员根本打不过讨生活的义军，郡县吏的戡乱行动用四个字评价来的话，就是"望风而逃。"

打不过可以跑，跑了以后呢？不可能万事大吉，自然是要领罪，要受刑。于是乎，官军也开始加入了造反的队伍。有些地方官员也开始割据一方，自立为王了。

杨广在长安坐不住了，他动用了自己战略家的天赋，要"不战而屈人之兵"，以天子威仪威服天下。于是他开始南巡江淮，想要用华丽的大游行来震慑天下的反叛。

可是适得其反，天子前脚离开都城长安，后脚就有义军围困了东都洛阳，让隋朝中央政府的威望飞流直下三千尺。

杨广已经无法控制隋王朝这条大船，他停在扬州，眼睁睁地看着这个国家。对于这位皇帝来说，他一生顺风顺水，从没遇到过大风大浪，如今，这暴风雨一般的怒涛，让他经历了前所未有的挫折感，虽然还没有出现一个真正的对手，但是他已经崩溃了。他的想象力和勇气已化作隋末的最后一场雪，融化在行宫廊檐下琼花的枝头。

杨广从一个行动派变成了脑补派，每日在醉生梦死间考虑一个问题，一个重大的问题，那就是：杀死自己的会是一个什么样的人呢？

隋朝中央政府已经名存实亡了，太原留守李渊却一直坚守岗位，踏踏实实做隋朝的地方官。有赖于此，太原城的天才是晴朗的天，太原城的人民好喜欢。李渊于乱世中保一方平安，口碑甚好。

李渊还不知道，他这棵大树虽然想以静制动，但是外面狂风不止，儿子们早已按捺不住了，每日议论纷纷，很想在这个乱世中立马横刀，杀出自己的一页青史。

这些公子中构思进兵方略的有之；在城门口查问流民情况的有之；勤习弓马狂练武艺的有之……

李世民则已经准备行动了，但他知道，如果没有父亲的支持，凭借自己手中的那点兵力，是完全没有资格和天下英雄一起逐鹿中原的。但18岁的李世民也深知父亲的性格，此时父亲是不可能下这个决心的。因此他没有主动去劝说父亲，而是绕了个圈子。

李世民去找了一个人，这个人叫刘文静。因为刘文静认识一个人，这个人叫裴寂。

裴寂和李渊私交很好，经常在一起把酒言欢。但父亲的朋友，并不是自己的朋友。

根据李世民的要求，刘文静很快就把裴寂引见给了他。只是认识了这位关键人物还不行，还要能打动这个人。李世民又出一计，他拿出钱来，让人和裴寂赌博，每次都让裴寂赢钱。裴寂赢了钱，心情不错，也看出来是李世民在有意结交自己，两个人关系更加密切。既然成了熟人，李世民就开诚布公，向裴寂说明自己的主意，希望裴寂能说服自己的父亲起兵，裴寂答应了。

儿子无法说服父亲，朋友就能说服朋友吗？

原来裴寂不但是李渊的朋友，还是同事，虽然职位在李渊之下，但他是晋阳宫监，而晋阳宫是隋炀帝的行宫，裴寂属于虽在地方做官，但是皇帝身边的近臣。因此这个人的话在李渊心中很有分量。

但裴寂出马没能奏效，李渊拒绝了。可是这一颗造反的种子已经埋在了李渊的心里，只等春风化雨时了。

机会说来就来，隋朝内忧不停，外患马上就到。不久，北边的突厥进攻马邑，李渊派兵帮助马邑太守王仁恭合力守城，但是战事不利。李渊忧心忡忡，担心自己可能获罪。李世民趁机劝说父亲，他先说当前的时机："今主上无道，百姓困穷，晋阳城外皆为战场。大人若守小节，下有寇盗，上有严刑，危亡无日。不若顺民心，兴义兵，转祸为福，此天授之时也。"又说明此时的利害"今盗贼日繁，遍于天下，大人受诏讨贼，贼可尽乎？要之，终不免罪。"最后拿出古代人最信服的理论依据——图谶，也就是当时流行的预言——李氏当得天下，"且世人皆传李氏当应图谶，故李金才无罪，一朝族灭。大人设能尽贼，则功高不赏，身益危矣！唯昨日之言，可以救祸，此万全之策也，愿大人勿疑！"三管齐下，事实与理论相结合，终于说得李渊起兵。

建立唐朝，李世民有第一功。

李世民在逼迫老爹起兵这件事情上，表现出了与自己年龄不相符的老练和成熟。一个18岁的少年就有入主中原，君临天下的想法，这除了狂妄之外，更需要的是卓越的眼光和手腕。李世民在利用裴寂劝说父亲受阻后，没有坚持一条道跑到黑的精神，自己出面去劝说自己的父亲，妄想凭人数取胜，而是耐心地等待时机。

李世民曾经作为云定兴将军的部下和突厥作战，这段战斗经历告诉他，处于恐惧心理中的人更具有攻击性。一个安分守己的农民日出而作，日落而息，与人为善，吃斋念佛，可是一旦被官府征召从军后，到了战场上，哪怕前一刻还体如筛糠，手脚冰凉，只要他看到了同伴的血，想到自己可能会被敌人杀死，就会嗷嗷狂叫，拿起武器刺向对手，为自己杀出一条生路。

因此，当李渊处于恐惧之中的人生困境，李世民看准时机，提出了自己的建议。

李渊虽然不果断，但是大局观很好，他是善使巧劲的，并不喜欢硬拼。遇到困难，李渊喜欢绕着走。此时，按照部下将士的想法，既然起兵，就要擒贼先擒王，一直往东打，去攻击正在出巡的杨广，一举而定天下。

李渊并没有这么做，他一边巩固自己的后方，一边给当时兵力最强的李密写了一封信，自称"庸劣"，自称"老夫"，自称"知命"，同时给李密送上一顶高帽子，说希望跟随李密的麾下，"攀鳞附翼"，到时候李密取得天下，自己能被封到太原就心满意足了。一封信就把李密当成了自己的挡箭牌，替自己阻挡隋朝军队。

李密戴了这顶高帽子，洋洋自得。一心一意地往东去打江山去了。

李渊却一心向西，他先命令军队"毋得犯七庙及代王、宗室，违者夷三族！"在乱世中这一宽容的政策深得民心，不久就攻克长安，捉住了隋炀帝的孙子，留守长安的代王杨侑。李渊再接再励，将宽容进行到底，随即与民约法十二条，废除了隋朝的苛政。但李渊仍不称帝，他立杨侑为帝，尊隋炀帝杨广为太上皇，自己在幕后"挟天子以令诸侯"。

直到杨广被乱军杀死，李渊又搞了个杨侑让位，这才称帝，建立了唐朝，立李建成为太子，李世民为秦王，李玄霸为卫王，李元吉为齐王。

此时，似乎一切都已尘埃落地，李建成已经坐上了储君的位子。

但仔细看一看，各位王的封地也有玄机，太子占据中枢，有了自己的名分。而齐王的封地在山东一带，虽然富庶，但是此时并没有归唐所有，只是个空头支票。卫王的封地在河南一带，也不在唐的版图之内。类似某公司下面除了欧亚非南北美洲以外，设了南极、北极大区总监，看起来气势汹汹，其实只是个空头衔。只有秦王的封地在陕西附近，已经是唐的国土，且是李家所属的关陇集团经营了近百年的基业，地方官对李家忠心耿耿，指挥起来得心应手，很明显李世民握有实权。

李渊深知，要一统华夏，还要依靠李世民的军事才能。因此他虽然根据惯例，立嫡长子为太子，早早定下国之根本。但在分封诸王时，明显偏向秦王李世民，使秦王的实力俨然可以和太子分庭抗礼，也埋下了以后兄弟争斗的祸根。

并且唐朝初建，只占有潼关以西的一部分土地，薛举近在咫尺，占有陇西。而潼关以东群雄并起，李密的部下自行火并，实力已经大减，可以忽略不计了。窦建德、王世充和萧铣等人割据一方，天下未定。

分析一下各位种子选手的情况：

这时唐朝的军队名义上的最高统帅是李渊，太子李建成算是个参谋长的角色，他的主要工作是政务方面，时时处处展现出宽以待人的风格，以怀柔手段赢得民心。而秦王李世民身为前线的最高统帅，部下兵强马壮。齐王李元吉呢，虽然也率领一支人马，但是只是方面军司令，只是一员战将，不是统帅。卫王李玄霸，也就是《隋唐演义》中的李元霸，那位传说中手执一对八百斤的金锤，骑一匹万里云，打遍天下无敌手的天下第一条好汉，已经英年早逝。

此时的民心所向是天下太平，谁统一了天下便是最大的战功，谁的战功最大便拥有最多的民心和军心。

第二场　太子李建成雄才大略

杨广一死，原有的统治秩序被打乱，一副牌局有一堆庄家，群雄逐鹿中原，各有各的旗号，作为前线军事统帅的李世民表现的机会很快就来了。

与唐朝近在咫尺的陇西，被原隋朝的金城校尉薛举占据，他有十三万人马，自称西秦霸王，其子薛仁杲作战勇猛，力大无比，弓马纯熟，号称"万人敌"。

但打仗不是打架，在千军万马刀枪并举箭如雨发的战场上，是没人来和你单挑的，"万人敌"之类的外号不过是精神原子弹。

李家举兵造反以后，李世民就曾经和薛家打过一仗，当时把薛仁杲这位猛将从扶风一路赶到垅坻。

薛举闻报大惊，准备投降，问部下说："自古以来有天子投降的例子吗？"正方辩手黄门侍郎褚亮说："赵佗归汉，刘禅仕晋，近世萧琮，至今犹贵。转祸为福，自古有之。"反方辩手卫尉卿郝瑗立刻发言："陛下不应该这么问！褚亮也是胡扯！以前汉高祖刘邦屡经奔败，蜀汉的刘备也经常战败，最后还是成就大业。陛下怎么能一战不利，就打算投降呢！"这才劝住了这位想投降的霸王。

自此，西秦霸王励精图治，整顿人马，要报这一箭之仇。

5月，李渊称帝。

6月，薛举就率军杀到甘肃陕西一带，上门挑战来了。

这次，李世民率领刘文静、殷开山等八总管前去抵挡。

不巧李世民正在患疟疾，殷开山等人看到手下败将来了，人人精神百倍，结果轻敌出战，一败涂地，士卒死伤过半，大将慕容罗睺、李安远、刘弘基战死，李世民退回长安。

薛举大仇得报，志得意满，自称秦帝，立薛仁杲为太子。不久，薛举病死，薛仁杲即位，主要谋士郝瑗伤心过度，一病不起。秦王李世民率军进驻高墌（今陕西长武县北），逼近薛家的大本营，薛仁杲派大将宗罗睺出兵抵挡，薛家军气势正旺，连日挑战，李世民却并不应战，而是坚壁清野，收集四周村镇的粮草，固守大寨。

唐军诸将求战心切，要一雪前耻，李世民下令"敢言战者斩！"并且告诫大家："我军新败，士气沮丧，贼恃胜而骄，有轻我心，宜闭垒以待之。彼骄我奋，可一战而克也。"要以坚守的战术挫敌锐气。

相持六十余日后，薛家军粮草已尽，大将梁胡郎等率部降唐。李世民询问这几位降将以后，得知薛家军详情。马上命一部唐军到浅水原诱敌。宗罗睺一见唐军一支孤军出大寨扎营，大喜，尽出精锐人马，想将其一举歼灭，但这支唐军还是采取老战术——守险不出。

宗罗睺认为唐军扎营的浅水原没有水，一定无法坚持，于是仍旧弃唐军大寨不顾，每日强攻浅水原，要一鼓作气消灭这一支偏师，夺取给养粮草。

唐军的诱敌部队在浅水原坚持了几天，凭借工事消耗了敌军。此时，李世民估计薛家军已经疲惫了，对众将说："可以战矣！"

但李世民仍旧没有亲率主力和宗罗睺决战，去杀个痛快，他还要用计。李世民派右武侯大将军庞玉在浅水原前列阵，摆出要决战的架势。宗罗睺果然中计，率军猛攻庞玉，唐军眼看就要顶不住了，李世民率领大军自原北出其不意地冲杀出来，宗罗睺以不变应万变，对庞玉的攻势不停，同时分出一支部队阻击李世民。

李世民看到敌军仓促分兵，原来完整的阵型已经出现缺口。

作为冷兵器时代的战争，步兵为主，骑兵为辅，单兵运动速度比较缓慢。在正式作战前，整个部队往往要列队摆开，排好阵型，然后根据预先制订的战术，分批次按序列投入战斗。因此，一旦情况有变，要分出一支部队，就要有相应的队列调整，后面的队伍要重新排列，弥补他们空出的位置。

李世民看到敌军这一瞬间出现的漏洞，他果断利用这一战机，没有去迎击那支阻击部队。而是亲自带领数十名猛将率先出击敌军主力，攻打中军的核心地带，打乱对方的序列。随后唐兵内外夹击，呼声动地。薛家军阵型一片混乱，军心动摇。宗罗睺无法指挥，全军败退，被斩首数千人。

李世民率二千多骑兵穷追不舍，他的舅舅窦轨苦谏："虽然我们打败了宗罗睺，但是薛仁杲仍旧占据坚固的城池，不可轻进。"李世民说："我已经考虑清楚了，要趁此势如破竹的机会，一举击败薛家军！"仍旧挥军急进。

到了泾水旁，薛仁杲果然已经在城下列阵，做好了准备。李世民没有轻举妄动，而是骑马上前窥探敌阵，不料薛仁杲部下的猛将浑幹等人突然来降。

　　这下子薛仁杲既看到唐军得胜之师势不可挡，又担心部下各怀异心，惊惧不安，没有敢上来吃掉这两千名唐军，而是引兵退入城中。到了晚上，唐军大部队赶到，围住城池，到了半夜，守城的军士纷纷来降。薛仁杲无奈，率精兵万人投降。

　　诸将都来向李世民祝贺，并且纷纷请教战术："秦王一战而胜以后，既不带步兵，又不带攻城装置，率一支轻骑来攻打坚城，我们都以为无法取胜，但是还是打赢了，这是为什么呢？"李世民说："宗罗睺的部下将骁卒悍，我是出其不意地打败了他，敌军实力并没有特别大的损失。如果我们大部队缓慢进军，等到宗罗睺的兵马进了城，和薛仁杲合兵一处，那我们就不好办了。我率轻骑紧追，这样敌军就溃散了，急切之间无法收拢人马，整顿军队。薛仁杲也会被我军的气势压服，这时根本没有机会来反攻了，所以我们才能取胜。"众皆悦服。李世民特意找到曾经劝说薛举的褚亮，把他任命为秦王府的官员。这位褚亮后来是秦王府十八学士之一，他的儿子就是书法家褚遂良。

　　在消灭薛家军的战役中，李世民在万马军中正确分析了形势，并且身先士卒，出其不意，取得了胜利，这是统帅之才。在战乱之余也不放弃收拢人才，这是政治之才。

　　但是李世民把褚亮任命为秦王府的官员，成为自己的幕僚，而没有推荐给朝廷使用。很明显，此时秦王已经有了要争太子的心思，开始培养自己的羽翼。

　　秦王如此才干，太子就是个草包吗？太子的才能又如何呢？

　　就像是一个正在开拓市场的公司一样，上上下下全公司的眼睛都盯着销售指标，销售部门当然是公司的主力，所做的业绩很容易量化出来，也很容易表现出来。而行政部门虽有大权，所做的工作却非常琐碎，很难被人看到。李世民就是销售部的经理，而太子李建成则是行政部门的总监，位高权重，却极少有机会表现出他的才华。

孙悟空大闹天宫失手被擒的时候，天上的神仙、地上的猴子都看到了托塔天王、巨灵神、哪吒、四大天王、二郎神，甚至二郎神的哮天犬，可是谁知道这十万天兵天将后面的后勤工作是哪个神仙做的呢？谁知道"花果山战役"的幕后英雄是谁呢？

太子李建成自有他的雄才大略。

李建成小名毗沙门，这是梵名的音译，毗沙门天（即北方多闻天王）是"四大天王"之一，其余三位天王为多罗咤天（即东方持国天王）、毗琉璃（即南方的增长天王）、毗留博叉（即西方广目天王）。

李建成作为长子，作为武将世家，从小不太喜欢读书，而是喜欢结交赌徒和游侠一类的人物。

李渊刚起兵时，西河郡拒绝听从他的命令。李渊便派李建成带领李世民统兵攻打西河郡，他还不放心，又派了太原令温大有一起去，并且叮嘱温"我这两个儿子都还年轻，所以派你来参谋军事。我们这次起兵，是否能夺取天下，也要根据这一战的结果，再来判断。"很明显是在考验自己的儿子。

这支军队刚刚被召集起来，士兵只认得邻居不认得将军，去参加团体操表演恐怕都不符合要求，现在却要去攻占城池。

李建成不过20岁，战争的经验刚刚够纸上谈兵。但是，他很快就有了主意。他一切以飞将军李广为楷模，与士兵同甘共苦，遇到敌军时身先士卒，一马当先。并且严守军纪，要求军队所需的粮草果蔬一定要照价收购，不得抢掠偷盗。

但新军中成员复杂，行军的路上还是出事情了，有士兵盗窃了百姓的果蔬，被举报到李建成的面前。

　　李建成没有杀人立威，他首先找到了果蔬的主人，按价赔偿，随后赦免了犯错误的士兵。士兵和百姓都很感动，认定李建成有仁厚长者之风。

　　等到李建成率军杀到西河郡城下，把城池围住，却并不严禁出入，而是许进不许出，将仁厚进行到底。有百姓要入城的，依旧放行。这样子一来，这支仁义之师的作风就被百姓带进了城里去，每个进城的百姓都成了他的活广告。

　　西河郡像一颗熟透的果子，掉到了李建成的手里。郡丞高德儒被俘，然后被杀，除他以外一概无罪，对百姓秋毫无犯，原来的各级官员也一律留用，远近百姓听说此事以后，一律心悦诚服。

　　等到李建成带兵回到晋阳，李渊屈指一数，此次出征一共只用了九天的时间。他大喜过望，说："以此行兵，虽横行天下可也。"李渊这才不再自守一地，只求自保，而是改变策略，下定了夺取天下的决心。

　　随后李建成也曾攻克绛县、永丰，并且率先攻破长安城，奠定了李唐王朝定都的基础。

　　在李唐建立以后，秦王李世民和齐王李元吉与刘黑闼作战失利，山东、河北一带接连反叛唐朝，太子李建成于危难中主动请旨，领军出征刘黑闼，他的战略思想是一贯的，用四个字来评价就是"以德服人"。

　　他不但率军击败刘黑闼，消灭了一系列叛军。而且广施仁政，让百姓安居乐业，迅速平定了山东、河北一带的反叛，这次行动充分展现了太子李建成的军事和行政才能。也是一次太子得分明显超过秦王的比赛。

　　不但如此，国家初定，百废待兴，太子李建成一直在协助李渊处理内政，在安定后方，筹划粮草，防御北方突厥，对各地的行政事务方面，做得相当出色。还协助李渊颁布和推行了新的"均田令""租庸调制"等土地和财税制度，规定百姓的徭役正役和加役总数最多不能超过五十天。如果遇有水旱虫霜为灾，十分损四以上免租，十分损六以上免调。十分损七以上，课役俱免。

这些措施，表面上牺牲了政府的财政收入，一时间民部（唐高宗时，为了避李世民的讳改为户部）、工部叫苦不迭。但是减轻了百姓的负担，保障了农业生产的人力投入，也就保障了国家的粮食产量和税收，使国家逐步从战乱的废墟中恢复过来。

另外，李建成一直在李渊身边，每天都在学习怎么做皇帝，对国家行政机构和各级官吏都十分熟悉，对管理国家的方法和技巧也日渐成熟，算是个很称职的继承人。他手下虽然没有名将，但是中允王珪、洗马魏征都是大才，魏征后来更成为一代名臣。

而且，李建成是嫡长子，是太子，按照儒家所谓"君君臣臣"的思想，太子是君，秦王李世民和齐王李元吉是臣，名分已定，一切夺嫡的想法都是妄想，都是犯罪。

但秦王李世民有想法，齐王李元吉也有想法。

第三场　李元吉的小算盘

李元吉小名三胡，善使一条马槊，在万马军中是一员猛将。但他是个倒霉孩子，这霉运从他一出生就开始了。

李元吉刚出生的时候，母亲不喜欢他的相貌，不抱他，被奶妈喂养。他从小就没得过母爱，性格孤僻，举止不同于一般人。

等李元吉长大了，喜欢带兵打仗。甚至让自家的男女仆人一起披上盔甲，玩打仗游戏，并且要拿上真刀真枪，互相攻击，结果这真人战争秀过于火爆，不但仆人有死伤，李元吉自己也受过伤。

他又喜欢打猎，曾经说："我宁三日不食，不能一日不猎。"甚至一时兴起，直接跑到大街上去射行人，结果被暂时免去官职。

总之，由于齐王李元吉自小的经历很坎坷，他的性格很有野牛的作风，充满了不安全感，充满了攻击性。

到李渊起兵造反以后，李元吉任镇北将军、太原道行军元帅、都督十五郡诸军事，听以便宜从事。在这期间，他的所作所为更加显示出性格的特点，非常的诡异又非常的好斗。

这年夏天，刘武周联合突厥一起杀到黄蛇岭，人马铺天盖地而来，军威赫赫。齐王李元吉指挥作战，他派车骑将军张达带领一百个人去进攻敌人，张达说兵太少了，根本是送死。李元吉野牛脾气大爆发，强行命令张达进攻，果然这一百人全军覆没，张达愤懑不已，投降了刘武周，他指引刘武周绕过唐军营地，攻克了榆次城。

随后，唐军一败于雀鼠谷、二败于索原度、三败于晋阳，刘武周进逼并州。

并州城内，齐王李元吉对司马刘德威说："卿以老弱守城，吾以强兵出战。"李元吉忽悠了刘德威，放弃了并州，率精兵连夜突围，带着大老婆和小老婆逃回长安。

这时，北方的霸主只剩下两个人了，窦建德占据河北，国号夏。王世充占据河南，国号郑。

不久，李渊分析，窦建德为人英雄侠义，深得河北民心。而王世充每次下命令，面面俱到，啰唆至极，眉毛胡子一把抓，才能平平。于是下令先捏王世充这个软柿子。

唐军以秦王李世民为正，齐王李元吉为辅。东都洛阳地处中原腹地，是王世充的都城。据说，出征洛阳前，李渊曾暗地里许诺李世民，如果攻克洛阳，将改立李世民太子。

王世充听说唐军来攻，不分主次的老毛病又犯了，把王家的兄弟子侄等各位王爷都派了出来，魏王王弘烈守襄阳，荆王王行本守虎牢关，宋王王泰守怀州，齐王王世恽守南城，楚王王世伟守宝城，太子王玄应守东城，汉王王玄恕守含嘉城，鲁王王道徇守曜仪城。

王世充自领中军，左辅大将军杨公卿率领左龙骧二十八府骑兵，右游击大将军郭善才率领军二十八府步兵，左游击大将军跋野纲率领外军二十八府步兵，精英尽出，防备周密。

此外，他还不放心，派人去请夏王窦建德前来助战。

这下子，李世民原来是打王世充一家，结果又来了个窦建德，

"准备了一桌子菜，来了两桌客人，这个饭，怎么吃？"唐军陷入进退两难之中。

众将纷纷议论，不如先退回长安，以待时机。

李世民英雄气概，要一举解决北方的问题，他派李元吉困住洛阳城的王世充。自己前往虎牢关，以少胜多，解决了窦建德的十万人马。

王世充一看内无粮草、外无救兵，投降。

唐军占领洛阳，控制了北方。

这时，在庆功宴上出了一件事。

秦王李世民的部将尉迟敬德善于对付槊，他经常能单骑杀入敌阵，在敌人的乱槊刺杀中应对自如，最后还能夺槊返刺。

齐王李元吉一贯以善使马槊而自负，他听说了尉迟敬德的本领，便来比武。开始还比较理智，说两人都去掉兵器的兵刃，大家切磋一下。

尉迟敬德也是一员猛将，一贯自负，说："我的槊去掉兵刃，齐王的槊不必去掉。"

然后两人开始比武，李元吉执槊就刺，被躲过；李元吉再刺，又被躲过；李元吉横槊来砸，还是被躲过。

秦王李世民看得兴致勃勃，他问尉迟敬德："避槊与夺槊，哪个更难？"尉迟敬德说："自然是夺槊更难。"

李世民于是命令尉迟敬德夺李元吉的槊。

李元吉恼羞成怒，提槊上马，想要刺死尉迟敬德。结果尉迟敬德确实名不虚传，片刻之间，三次夺走李元吉手中的马槊，围观的众将都是刀山血海里滚出来的武夫，这次亲眼看到尉迟敬德的武艺，个个心悦诚服，欢呼雀跃。

李元吉表面惊异佩服，心中却深以为耻，既恨尉迟敬德，也恨二哥秦王李世民。从这一刻起，李元吉变成了李世民的敌人。

李建成听说了这件事，便来拉拢这个手握兵权的四弟。李元吉一口答应，光荣地加入了太子党，两人一起对付秦王李世民。

实际上，齐王李元吉是太子党里的"无间道"，按照李元吉的计划，他打算先联合大哥干掉二哥，接着再干掉大哥，到时候，自己自然而然就成了太子了。

如果李渊在出征洛阳前有承诺的话，他食言了，李世民没有成为太子。

李渊听说已经占领了洛阳，他赏赐秦王李世民和齐王李元吉每人三个铸钱的炉子，可以自行铸钱。

又因为秦王李世民军功太大，李渊认为现有的官职都不足以表彰他的功绩，便任命李世民为天策上将，位在诸王之上。并且命李世民领司徒、陕东道大行台尚书令，增邑二万户，开天策府，可以自行任命官员。并赐衮冕、金辂、双璧、黄金六千斤，前后鼓吹九部之乐，班剑四十人。

李世民有了钱，有了爵位，有了权势，还有了行政权，有了独立的办公机构，另外潼关以东的地区也都归他管了。

李世民开始给自己组建行政班子，他设立文学馆，以杜如晦、记室房玄龄、虞世南、文学褚亮、姚思廉、主簿李玄道、参军蔡允恭、薛元敬、颜相时、咨议典签苏勖、天策府从事中郎于志宇、军咨祭酒苏世长、记室薛收、仓曹李守素、国子助教陆德明、孔颖达、信都盖文达、宋州总管府户曹许敬宗等十八人，以本官兼文学馆学士，分为三拨，成为自己的政治顾问。李世民又让大画家阎立本为这十八人画像，褚亮在画像上题文，号称十八学士，增加这个组织成员的荣誉感。果然，有人能够被预选为文学馆学士的都会非常荣耀，大家称之为"登瀛洲"。

齐王李元吉眼看李世民风生水起，而自己仅仅被任命为司空，爵位和权势都远远不及李世民，心中愤恨不平，动了杀机。

他开始劝说太子李建成除掉秦王，说："关键时刻，我来为你杀掉李世民！"

齐王不只是表明了态度，而且准备动手了。

这天，李世民跟着李渊去齐王府，李元吉事先派护军宇文宝埋伏起来，想要刺杀李世民，千钧一发之际，阴谋被李建成发现了，太子马上制止了这种鲁莽行为。李元吉还非常恼怒地抱怨说："我这是为大哥你着想啊，秦王关我什么事呢！"

这件事确实荒谬之极，如果这也算是一计的话，那肯定是中国阴谋史上最烂的一计了。想一想看，齐王安排刺客，准备当着皇帝父亲和太子大哥的面杀死秦王二哥，这一计的最好结果也无非是杀掉了秦王，可是这样一来齐王李元吉肯定难逃干系。因为这是在齐王自己的家里，这刺客是他自己的人。

齐王这么干，实在是像他自己说的一样，是全心全意为大哥着想了。当然，也有另一个可能，那就是他有自己的小算盘。恐怕，只有他自己知道到底想杀谁，或者先杀谁，后杀谁，杀几个人。

儿子之间的敌对情绪越来越公开了，李渊开始头疼，但这个事情不同于他以往的经历，以前的那些事他可以跳过去，可以曲线运动，就像是他开始不想造反，只想观望；开始造反却只想自保，不求扩大地盘；开始扩大地盘了，却向西打，不去向东攻击隋朝政府军一样。

可是继承人的问题他是绕不去的，他不能再按照以往的处世哲学来处理了，他必须下定决心，是力保太子李建成，还是重用秦王李世民。

他再次犹豫不决。

对于李渊来说，李建成既是嫡长子，又颇具才干，是个不错的继承人，但军事才能确实不如李世民。而唐朝虽然统一了中原，北方突厥还有强大的军事压力，随时可能威胁都城长安，作为自己的继承人，应该是一位军事统帅，这样才能保障国家的稳定。可是无缘无故废掉太子，会引起人心动荡，而李世民的政治才能具体如何，也是个未知数。

皇帝的悲哀就在于此，他做太原留守时可以和裴寂喝酒聊天，如今裴寂虽然也在朝中，他们却再也不能像以前那样推心置腹地聊天了。李渊决定，事情还没有到必须决断的时候，他要继续观察下去。

猛虎犹豫，不如蜜蜂之一蛰。当后来的一切像雪崩一样垮下来的时候，唐高祖李渊自己也深受其害，他必然为这时的犹豫抱憾终生。

皇帝可以选择观望，但他的儿子们却无法停下来了，毕竟这场游戏只有一个赢家。

太子、齐王和秦王都开始行动起来了，其余的各路人马也积极动作，投靠不同的山头。一时间有人出人，有力出力，夺嫡之争进入高潮。不只是大臣、将军，连皇帝身边的妃子、太监，甚至宫女都成了被争取的对象。

太子李建成虽然得到了齐王李元吉的支持，取得了一部分军事方面的支持，但是他还是顾忌秦王李世民的兵权。

他开始筹备自己的军队，招募了2000人充当东宫卫士，驻扎在左右长林门，号称长林兵。

太子毕竟有过带兵的经验，他考虑到秦王李世民手下都是久历沙场的士卒，知道新组建的长林兵的战斗力根本是豆腐渣，到了关键时刻，只能摇旗呐喊，根本无法与秦王的部下过招。

这时，太子想到了一个人，他秘密派遣右虞侯率可达志去幽州，联络镇守幽州的罗艺。当时的幽州是防止突厥进犯的边关要塞，士卒的作战经验非常丰富，尤其是其中的幽州突骑更是彪悍异常。

可达志不辱使命，罗艺立刻成为太子党，并且送给太子幽州突骑300名。太子大喜，把这些精兵安置在周围的市坊中，准备随时调遣。

但此事来往于长安和幽州之间，也就是现在的陕西西安和北京之间，路途遥远，涉及到的人又太多，保密工作很失败，立刻被天策上将府的人发现，禀报了李世民。李世民立刻进宫告发太子私自结交边关统帅，这个罪名是历来皇位继承人的高压线，一触即死。

但李世民失望了，李渊的反应很淡定，他只是把太子叫来，责备了一番，没有任何处分，然后把可达志流放到巂州了事。

李世民不明白，李渊此时担心的根本不是太子可能结交边帅，然后造反的问题。而是他们这几个儿子争夺太子位，互相攻击的问题。而这个问题李渊还没有想好，因此他继续和稀泥，继续观察。

李渊这次没有明确表态，表面上看起来维持了家庭关系的平静，但是下面暗流汹涌，立刻就爆发了更激烈的反应——"杨文干兵变"。

第四场　李世民是天可汗

杨文干早年是太子李建成的东宫侍卫，后来被太子推荐为庆州都督，是天下众所皆知的太子党。

话说这年夏天，李渊去刚建成的宜州仁智宫避暑，随行的有秦王李世民和齐王李元吉，长安城只留下太子代理朝政。太子李建成这次抓住机会果断出击，派手下的亲信尔朱焕和桥公山去给庆州的杨元干送盔甲，让他整顿人马，准备袭击仁智宫。

但太子千算万算，没想到尔朱焕和桥公山这两位亲信非常靠不住，他们没有去庆州，而是出了长安城，就直奔仁智宫，主动向李渊举报了李建成的计划。

李渊一听又惊又怒，他立刻召李建成前来仁智宫。李建成知道计划败露，他没有和汉武帝的那位太子刘据一样，固守长安，带领长林兵拼死一搏，而是飞马赶到仁智宫前来请罪。李渊怒气不息，把太子李建成监禁了起来。

同时，李渊派宇文颖传敕给杨文干，让他到仁智宫见驾。但儿子用人不当，老子也是一样，李渊千算万算，没想到宇文颖靠不住，这位大人是齐王李元吉一党，临行前将消息透漏给了齐王。李元吉一听，命令宇文颖将仁智宫的情况告诉杨文干。

杨文干得到宇文颖的消息，一不做二不休，发动兵变，史称"杨文干兵变"。不久攻克了宁州，李渊大惊，宁州离仁智宫近在咫尺了。他连夜带着卫士逃进山里，等到天亮了，探听到叛军没有进一步的动作，才又回到了仁智宫。

李渊不能再等待了，他立刻派遣李世民带兵平叛，表示要把太子李建成贬到四川去为王，然后承诺立李世民为太子。并且说，如果将来李建成起兵造反，四川地方狭窄，不好施展，李世民很容易就能解决。

此时太子李建成被监禁；齐王李元吉在李渊身边，无法脱身；秦王李世民将要领兵出征。一切都朝有着利于李世民的方向发展。

对于李世民来说，只要捉住杨文干，让他写出口供，咬死太子李建成，把"杨文干兵变"一案订成太子谋反案，太子李建成就算是不死，也要被废了。带着必胜的信心，李世民出发了。

对于太子党来说，似乎是万事皆空了，一切都已经结束了。指望杨文干大败李世民，然后杀到仁智宫，解救太子，那是白日做梦，恐怕只有齐王李元吉会这样幻想。

这时，太子党的真正幕后主谋封德彝出场了，他趁秦王李世民不在仁智宫的时间里，发动了一切可以发动的力量，鼓动齐王李元吉，鼓动皇帝的爱妃都来为太子李建成说情，并且自己也亲自上阵，施展三寸不烂之舌。这努力没有白费，他成功了，太子党成功了，他们力挽狂澜。"杨文干兵变"还在折腾得天翻地覆慨而慷的时候，李渊就被说服了。

话说秦王李世民杀奔宁州，杨文干根本不是对手，一触即溃。但李世民还是不放心，毕竟杨文干是太子的死党，活捉以后，难保他说出什么话来，就是在皇帝面前，突然改口，攀扯上秦王也有可能。李世民一不做二不休，杀了杨文干，只把报信的宇文颖拿送京师。来个既成事实，死无对证，毕竟先前的证据都已经表明是太子谋反。

等到秦王李世民胜利班师，才知道皇帝已经改变了主意，李建成仍旧是太子，但是被批评说是和秦王两人兄弟不能相容，各打五十大板。太子东宫的王珪、韦挺和天策上将府的杜淹都被贬到外地去了。

"杨文干之变"就这么稀里糊涂地结束了。

太子党和天策上将府的矛盾已经完全暴露在阳光下了，双方都赤膊上阵，要拼个你死我活。可是李渊呢，仍旧在中间大打太极拳，假装天下太平。

这时，据《新唐书》记载，发生了一件很诡异的事情，就是太子李建成的"鸿门宴"。

这件事说来简单，就是太子李建成请秦王李世民夜宴，然后给秦王端上毒酒，李世民喝了，呕血数升，被李渊的弟弟，淮安王李神通送回王府。

这简直匪夷所思，太子和秦王已经势同水火了，怎么会请李世民夜宴？李世民又怎么会去喝酒？既然李世民已经呕血，图穷匕见，太子又怎么会放他回府？真是怪事。如果这是一场戏，这两个人的演技真是惊人，在明知剧本这么烂的情况下，还是坚持演到了谢幕。

这时候齐王李元吉就可疑了，这么烂的计，多半又是齐王的杰作。可是秦王看出了破绽，假装中毒，而借机回府；太子又一时不明真相，也就懵懵懂懂地送他回去了。齐王呢，自以为已经得手，也不好在大哥和叔叔的面前拔出刀子杀二哥了。

更让人跌破眼镜的是，等李渊知道这事以后，他仍然很暧昧，他轻描淡写地责备太子说"秦王不会喝酒的，你以后不要在夜里请他喝酒了"。

但是李渊确实动摇了，再次动摇了，他对秦王李世民说："朕起兵以来，平定天下，你的功劳最大。而太子已经立了多年，不好动他。朕看你们兄弟实在无法相处，同在京城的话，一定会有更多的冲突。你去洛阳吧，自陕西以东都归你管，你可以建立自己的朝廷。以后你想朕了，就来长安看你。"乖乖，这是封了个一字并肩王啊，顺便把大唐一分为二了。

秦王李世民开始准备出发。太子李建成听说此事，开始很高兴，秦王要离开长安了，自己的位子没有威胁了。可是他的幕僚说，秦王留在长安，只是一个人而已。如果他到了洛阳，有了土地，有了军队，将来一定会造反的。

太子李建成说，这事父皇已经决定了，恐怕不好更改了吧？这位幕僚主动要求进宫去说服皇帝。他对李渊说，秦王的部下本来多是崤山以东的人，如今听说要回洛阳，都喜出望外，恐怕这一去就不会回来了。陛下以后就再也见不到秦王了。

以情动人，无坚不摧，李渊被说服了。他改变了主意，李世民留在了长安。

不久突厥进攻边关，太子李建成推荐齐王李元吉领兵，打算要用这支人马来对付秦王李世民。情况危急，天策上将府的长孙无忌、房玄龄、杜如晦、尉迟敬德、侯君集等人都来劝秦王先发治人。

秦王立刻进宫，说李建成秽乱后宫，并且想杀自己。李渊一听这种查无实据的小报告，不置可否，说你别急，我明天问问太子。

这时太子党的耳目已经通知了李建成，告诉他秦王进宫告状的事。太子马上找来齐王李元吉策划大计。两个人准备第二天先入玄武门进皇宫，正好是玄武门执行禁卫总领常何当值，这是太子党的成员，可以趁机带兵逼迫李渊表态。

但李建成又看错人了，常何早就成了秦王李世民的卧底了。

第二天，等太子李建成和齐王李元吉到了玄武门。发现秦王李世民已经到了，并且带了八名猛将作为护卫。太子有些疑惑，但想到自己已经做好安排，常何也是自己的人，还是不太在意。这时，李渊已经开始办公了，裴寂、萧瑀、陈叔达、封德彝、宇文士及、窦诞、颜师古等人已经进宫。太子就改变了计划，想先进宫再说，他和齐王一起进入玄武门。走到临湖殿的时候，还没有见到皇帝，两个人感觉情况有变，想要出宫。

这时，秦王李世民飞马赶来，他对齐王李元吉喊了一声什么，齐王立刻要拉弓射他，但仓促之间，三次都不能把弓拉开。李世民已经拉开自己的弓，一箭射死了太子李建成，随后又一箭射中了齐王李元吉。李元吉转身就逃，这时他看见一个人出现在面前，这个人就是曾经和他比武夺槊的尉迟敬德，李元吉已经无路可退，被尉迟敬德当场杀死。

不久，太子东宫和齐王府的三千兵马赶到，不见了太子和齐王，开始猛攻玄武门。秦王部下的几百名骑兵也赶来了，这时候战斗力的区别就显示出来了，秦王部下的骑兵一个冲锋就击溃了太子的三千人马。

李渊闻报，问裴寂等人："现在该怎么办？"萧瑀和陈叔达说："太子没有战功，疑心又太重，早晚会有内乱。秦王功盖天下，可以立为太子。"

此时此刻，此情此景，李渊还能说什么呢，他说"这也是朕的想法啊"，随即召秦王过来，秦王李世民一见父亲，立刻嚎啕大哭。

李渊当即立李世民为太子。

这场流血事件就是"玄武门之变"。

两个月后，他又传位给李世民，李世民后来就是唐太宗。李渊自己成了"太上皇"。

李世民当政以后，励精图治，经略四方，平定了东突厥和薛延陀、与吐蕃联姻，被西北诸国共同尊为"天可汗"。

唐初的这次夺嫡之争，最大的错误是李渊犯的，作为皇帝，他不应该左右摇摆，犹豫不决。使太子的地位始终被秦王威胁，两个人都没有安全感，影响了兄弟之间的感情，使兄弟反目成仇。

如果他早下决断，或者坚决支持太子李建成，对秦王李世民只赏赐财物，不给予权力。这样的话虽然秦王立有大功却没有得到应有的犒劳，是受了些委屈，但也只是受了委屈，并不会成为太子党的眼中钉肉中刺，几次要杀之而后快。

李渊也可以支持秦王李世民，摒弃封建的宗法制，不立嫡长子李建成。而立屡立战功的李世民，这样的话群臣虽有些异议，也不会影响朝局，更不会引起杨文干的反叛，纵使李建成和李元吉不满，慑于李世民的实力，也不得不从。

最终，李渊的犹豫让他一次失去了两个儿子。

作为参与夺嫡的各派来说，太子党拉拢朝臣和妃子，结交边关守将，组建长林兵，都是为了组织力量，但始终没能找到一击中的的机会，没能抑制李世民的势头，也没能动摇李世民前线统帅的地位。最终太子和齐王身死，家眷也被株连。

而反观秦王一派，充分发挥了自己的特长，不断在战场上表现出实力，在皇帝面前争取到了最大的赏赐。在皇帝的许诺、自己的表现都无法实现目的的情况下，抓住机会，一举除掉对手，造成既成事实，登上皇位。

但是，"玄武门之变"也深深地刺伤了李世民。等到他立太子的时候，是遵从封建的宗法制，立嫡长子李承乾，还是立自己喜欢三子蜀王李恪，或者是四子魏王李泰呢？

这位帝王也犹豫了，立嫡长子李承乾，自己并不喜欢这个儿子，并且有自己不承认自己的意思。

立其他的儿子，所谓"立贤"，自己高兴了，但是这就破坏了不成文的规矩，就可能造成后代选继承人的矛盾，可能动摇唐帝国的根本。

最终，李世民的选择，使中国出现了唯一一位女皇帝——武则天。

第七幕

宋太子：低调的竞争

【宋高宗　太子之不完全档案】

朝代：宋

皇帝：宋高宗 赵构

赵旉：潘氏所生。

养子赵伯琮：更名赵瑗，再赐名赵玮，又更为
　　　　赵昚，生父赵子偁，生母张氏，养母婕
　　　　妤张氏、吴皇后。

养子赵伯玖：更名赵璩，生父赵子彦，养母吴
　　　　皇后。

斗争：五百本《兰亭序》、十名宫女

继位者：宋孝宗赵昚

第一场　赵构的想法很多

　　赵构，字德基，公元1107年生于东京汴梁之大内，是宋徽宗赵佶第九子。

　　这时，宋徽宗已经做了七年的天子，朝廷按照规制，授予这位刚出生的小皇子定武军节度使、检校太尉，又加封了蜀国公的爵位。继而，封广平郡王。后来，又进封康王。

　　公元1115年，赵构的大哥赵恒被立为太子。

　　如果天下太平的话，赵构一辈子就是康王了。

　　但是世事难料，"明月几时有？把酒问青天。不知天上宫阙，今夕是何年"的日子就要过去，"怒发冲冠，凭栏处，潇潇雨歇。抬望眼，仰天长啸，壮怀激烈。三十功名尘与土，八千里路云和月"的岁月就要来了。

　　公元1120年，宋徽宗赵佶不顾与宋辽之间的"澶渊之盟"，与金结成"海上之盟"，约定灭辽之后瓜分其领土，北宋将得到燕云十六州。

　　于是，两国联军分别出兵，进攻辽朝。

宋徽宗此举，打破了宋辽之间100多年的和平。

因为燕云十六州对于北宋，乃至历史上所有在中原的国家都太重要了。

燕云十六州包括今天的京津两地和河北、山西两省的北部，是从东北平原到华北平原之间唯一的山地屏障。在冷兵器时代，中原农耕民族多步兵，北方游牧民族多骑兵，以步兵对骑兵，本身就有天然的弱点，体力和机动性都有很大的不足。如果没有山地屏障，在平原作战，这种对比会更加强烈。往往是步兵打得赢，却追不上；步兵打输了，就跑不了。

即便是现代战争，山地也是个重要的问题。同样是亚洲，同样是美军。伊拉克国土大部分属于美索不达米亚平原，美军的进攻就像是快刀切牛油。而阿富汗位于帕米尔高原上，多山地，美军的效率就成了上班高峰的出租车——走走停停，停停走走。

实际上从北宋初年，朝廷就意识到燕云十六州的重要意义。但几次试图收复，均无功而返。为了保障东京汴梁的安全，不得不在东京附近种了很多树，以阻止骑兵的前进速度。另外，又在东京设置了数十万的禁军。这也造成北宋边军数量太少，在战略上经常被动防守的态势。

宋军北上，出师不利。

金兵西征，一路凯歌。

公元1120年，金军攻克辽上京。

公元1122年正月，金军攻克辽中京，辽天祚帝流亡。

公元1125年3月，辽天祚帝在应州被金兵俘获，被金太宗降为海滨王，辽朝的统治基本结束。

战争结束，金朝看到宋军的战斗力一塌糊涂，拒绝执行"海上之盟"的约定。北宋经过谈判，只得到燕京六州二十四县，燕云十六州拿回来一小半，这扇大门让金军夺走一大半。

公元1125年10月，金太宗完颜晟派两路金兵南下，入侵北宋。完颜宗翰（粘罕）为左副元帅，进攻太原；完颜宗望（斡离不）为右副元帅，进攻燕京。计划两路会师于东京汴梁。

宋徽宗遣使求和，被金军拒绝。

公元1126年1月18日，宋徽宗赵佶眼看局势大坏，无法应付。为逃避责任，他禅让皇位给太子赵恒，宋徽宗当上了太上皇，赵恒就是宋钦宗，他把这一年改为"靖康元年"。

康王赵构从皇帝的儿子变成了皇帝的弟弟。

新年刚过，宋徽宗自称去亳州太清宫进香还愿，逃往江南。

太上皇跑了，宋钦宗也想跑。

尚书右丞李纲一再苦谏，宋钦宗撤销了逃跑计划。命李纲为亲征行营使，全权指挥统兵抗金事宜。

三天后，金军打到东京城下，李纲指挥得力，守住了城池。

金军攻城不利，要求宋朝派出大臣议和。宋钦宗派使者出城谈判和议的条件。金军右副元帅完颜宗望提出条件：一、宋帝尊金太宗为伯父；二、燕云一带的汉人都归金朝；三、割让太原、中山、河间三镇给金朝；四、宋朝纳犒军费金五百万两，银五千万两，锦缎一百万匹；五、宋朝送亲王、宰相到金军营中作人质。

宋钦宗不顾李纲的强烈反对，准备和谈。

由于金军要求宋朝送亲王为人质，宋钦宗召见众亲王，问："谁肯为朕行"20岁的康王赵构自愿"请行"，并向宋钦宗密奏："朝廷若有便宜，无以一亲王为念。"

于是，宋钦宗命康王赵构、宰相张邦昌为人质，前往金营。

当日，一万宋军主动出击，夜劫金兵大营。一时间杀声四起，康王赵构惊骇不已，早先的勇气经过这一夜的惊吓，荡然无存了。

金兵防守严密，宋军退走。完颜宗望见康王赵构在自己手中，宋军还来劫营，觉得这个人质没什么价值。要求以越王赵偲代替康王赵构为人质。宋钦宗认为越王赵偲是自己的叔父，改派自己的五弟肃王赵枢和驸马都尉曹晟去作人质，换回了赵构与张邦昌，并送上犒军银1000万两，交出同意割让三镇的诏书。金军满载金银，携带人质，回师北上。

康王赵构回到东京汴梁，受到宋钦宗的热情接待。

金兵一退，朝廷没有追击，也没有准备防御，立刻开始内斗。

宋钦宗早发现李纲不听自己的话，现在越看越不顺眼，找了他一个不是，贬到蜀中的夔州去了。

4月3日，太上皇宋徽宗见警报解除，结束进香之旅，回到东京汴梁。宋钦宗为巩固自己的帝位，马上立自己10岁的儿子赵谌为太子。

当年8月，金军再次兵分两路，进攻宋朝。

西路军攻克太原，东路军攻克真定府。

宋钦宗派康王赵构和资政殿学士王云率使团，前往金军大营求和。

康王一行抵达相州，知州汪伯彦说金军已于几天前自北京大名府附近渡过黄河，建议康王暂时留在相州。康王口头拒绝，但是并没有继续寻找金军完成使命，而是北上磁州。

赵构一行走到磁州，知州宗泽力劝他不要冒险北上，否则可能被当做人质。

谁料想，磁州百姓认定曾几次出使金营的王云是奸细，将他杀死。

王云一死，康王赵构认为宗泽有重大嫌疑，对他非常不满。

汪伯彦趁机派兵把康王赵构接走。赵构到相州后，上书朝廷，以王云被杀为由，表示自己要在相州等待朝廷进一步的指示。

这次出使的是非曲直，历来众说纷纭。其中王云被杀是个谜，宗泽的杀人嫌疑是个谜，康王赵构拒绝命令是个谜，汪伯彦的态度也是个谜。顺便说一句，汪伯彦有个很出名的外甥兼学生，就是秦桧。

金军西路军渡过黄河以后，派人出使东京汴梁，给宋钦宗下达最后通牒，要求宋金两国以黄河为界。宋钦宗立刻答应，并且派两个使者随同金军使者出发，分别去金军西路军和东路军处交割领土。结果，一名使者在绛州被愤怒的军民杀死。另一名使者走到卫州，当地乡兵非常愤怒，差点杀了金使，宋使逃往相州。

11月初，两路金军会师东京汴梁，开始攻城。

宋钦宗临急抱佛脚，国难思良将，想起李纲来了。马上派人去调李纲到东京汴梁来，但是从夔州（今重庆奉节）到汴梁（今河南开封），远水不解近渴。实际上，李纲还没走到，第二次东京之战就已经结束了。

与此同时，宋钦宗派使者前往相州，任命赵构为天下兵马大元帅，中山知府陈遘为元帅，宗泽和汪伯彦为副元帅，火速发兵救援东京汴梁。

一个亲王做大元帅，一个知府做元帅，两个知州做副元帅，这个司令部里都是文职，宋钦宗也是病急乱投医了。

这时的东京汴梁已是万分危急，宋钦宗手下的大臣们却找了个业余魔术师郭京，郭京在金殿之上当众表演，"其法用一猫一鼠，画地作围，开两角为生死道。先以猫入生道，鼠入死道，其鼠即为猫所杀。又将鼠入生道，猫入死道，猫即不见鼠。云如此用兵，入生道，则番贼不能见，可以胜也。"

这真是"国之将亡，必有妖孽。"

有宋一代，皇帝普遍崇尚道教。

宋真宗自称赵氏始祖"九天司命保生天尊"赵玄郎下降于延恩殿，还宣称有天书降世。

宋真宗加封这位赵玄朗为"圣祖上灵高道九天司命保生天尊大帝"。

后来又加封老子为"太上老君混元上德皇帝"。

宋徽宗青出于蓝而胜于蓝，自称天神青华帝君下降宣和殿，并授意道录院册封他为"教主道君皇帝"，从此道教就成了宋朝的国教。

他加封玉皇大帝为"太上开天执符御历含仁体道昊天玉皇上帝"。加封庄子为"微妙玄通真君"，列子为"致虚观妙真君"，其他诸神，都有封号。

已沉寂多年的天师道也风生水起，龙虎山第三十代天师张继先，被赐号虚靖先生。

全国上下，自称能役鬼神、驱风雷的活神仙层出不穷。

此次东京被围，从上到下都希望有神仙保佑，甚至都相信会有神仙保佑。

出了个郭京，也是水到渠成，顺应朝廷上下的心理预期。

宋钦宗听信了郭京的神话故事，命他作法退敌。于是，郭京在城里召集了7777名生辰八字符合六甲的游民，组成"神兵"。

一名魔术师带着7777名助手，马上就要华丽登场。

眼看城破在即，郭京指挥守城军民退下城头。接着告诉大家，下面是见证奇迹的时刻。然后，他上城驱动"神兵"出城迎敌。

可惜，一支优秀的本土广告，一旦离开了它适宜的文化氛围，就显示不出它的催眠效果。

在金军看来，这不过又是普通的战斗的一天，一部分宋军出城袭扰而已。于是人人打起精神，准备迎战。

结果"神兵"遇到金兵，一触即溃。郭京借口自己亲自作法，下城去了。这时候，奇迹出现了，郭京居然在乱军之中逃之夭夭。

几个月后，郭京一路招摇撞骗跑到襄阳，在这里试图拥立一人为帝，被政府官员拘捕，而后处死。

"神兵"攻击失利，东京汴梁门户洞开，金兵鱼贯而入。

进城之后，完颜宗翰和完颜宗望连骗带吓，先后把宋钦宗、宋徽宗及皇室宗族押进金兵大营。宣布将宋徽宗、宋钦宗废为庶人，要另立别姓为王。

北宋灭亡。

GDP总量近280亿美元的北宋，国民总收入世界第一的北宋，占世界经济总量的近四分之一的北宋，一败涂地。击败它的是GDP低到可以忽略不计，在世界经济版图上不值一提的金朝。在冷兵器时代，经济指标往往是无法转化为战斗力的。

在金军的逼迫下，宋朝官员开会讨论另立异姓的问题，这时候有人推荐张邦昌。在金军的刀斧之下，东京汴梁城里的政府官员、僧人道士、军兵百姓都被迫签名表示"拥戴"张邦昌。

过了几天，金军为张邦昌举行了正式的册封仪式。国号"大楚"，与金以黄河为界。在仪式上，张邦昌痛哭失声，一再表示自己不愿叛逆。

一个月后，金军在东京汴梁城外纵火，然后回师北上。一路上押着太上皇、皇帝、皇后、嫔妃，太子、亲王、公主，宗室、外戚、百官、工匠等十余万人。携带着金一千万锭、银二千万锭、帛一千万匹、马一万匹、宫廷器物、各种文物、图书典籍等战利品，满载而归。

这时，天下兵马大元帅康王赵构聚集了一万人马，他派副元帅宗泽带一部救援东京汴梁，自己向东逃到济州。

在济州，赵构接到张邦昌派人送来的传国玉玺。他这才知道东京已破，自己是宋徽宗诸子中唯一没有被俘虏的亲王，最有资格登上皇位。于是，赵构在南京应天府称帝，改元建炎元年，这就是南宋第一个皇帝宋高宗。

这时，金军再次进攻。

宗泽在汴梁组织防守，宋高宗赵构的小朝廷逃到了扬州。

不久，宗泽病死，汴梁再次被金军占领。

金军长驱直入，奔袭扬州。宋高宗正在软玉温香里寻欢作乐，突然收到紧急战报，说金军前锋已近在咫尺，顿时吓得阳痿，这一病他终生未愈。

宋高宗慌忙带着五六个随从奔出城去，渡江逃命，一路逃到杭州。七月，宋高宗升杭州为临安府。

御营司武将苗傅、刘正彦发动兵变，杀死朝廷大臣，胁迫宋高宗将皇位禅让给年仅三岁的赵旉，由隆裕太后（宋哲宗的皇后孟氏）垂帘听政，改元明受。

宰相张浚得知此事，联络韩世忠、刘光世起兵，杀死苗傅、刘彦正等人，拥立高宗复位。废掉赵旉的皇位，封为魏国公。

赵旉是宋高宗唯一的儿子，当年他母亲潘氏因为怀了这个孩子，加上身份低微，没有住在康王府邸，而是躲在自己家中，才侥幸没有被金军带走。后来，高宗对这个独子格外疼爱，并加封潘氏为潘贤妃。

潘氏在怀孕期间正是东京汴梁失陷前后，赵旉本来就先天不足，体弱多病。这次又受到惊吓，3岁的赵旉不久就夭折了。宋高宗知道后大哭不止。宋高宗再也没能生育其他儿子。

到这个时候，宋高宗失去了自己的独子。宋朝的江山又岌岌可危，自己的继承人也不知道在哪里。

宋高宗坐困愁城，想法很多，却心乱如麻，一筹莫展。

还没等皇帝想出个所以然来，金军又来了。

第二场　秦桧表达自己的意见

金军以完颜宗弼（兀术）为统帅，兵分四路，进攻北宋。

宋高宗遣使乞和，国书的内容悲惨万状，可怜至极，上面写道："天网恢恢，将安之耶？是以守则无人，以奔则无地，一并彷徨，蹈天蹐地，而无所容厝，此所以朝夕然，惟冀阁下之见哀而赦己也。"

完颜宗弼拒绝了宋朝的求和，率军突破长江防线，攻克建康，直扑临安。

宋高宗逃出临安，开始在剩余的国土上东躲西藏。完颜宗弼率主力紧紧追赶，双方玩起了猫抓老鼠的游戏。

10月，宋高宗逃到越州。

11月，宋高宗逃到明州。

12月，宋高宗坐船逃往定海，又渡海逃到昌国。

随后一直在海上漂泊。

第二年正月，宋高宗逃到台州，随即逃往温州沿海。

3月，韩世忠率八千水师从长江口西上，埋伏在镇江焦山寺附近的江面上，一场激战，将十万金军水师逼入黄天荡。金军屡次突围均被打退，被迫掘开老鹳河故道，乘战船逃入长江。

与此同时，岳飞率部击退金军一部，收复建康。

金军经此一败，南宋暂时安宁了几年。

宋高宗获悉金军已退，从温州乘船北上，回到越州，升越州为绍兴府。

第二年正月，宋高宗把小朝廷迁回临安。国家处于战争状态，全国臣民都希望有个太子副本，一旦皇帝有个三长两短，还有个缓冲的余地。这样继承人的问题就摆在了朝廷上下的面前。

但太子的问题历来是敏感问题，一句话说不对，就有杀身之祸。群臣私下议论纷纷，却没人敢公开表态。

终于，有人发言了。

公元1131年6月，上虞县丞娄寅亮上了一道奏章。

他写道："太祖舍其子而立弟，此天下之大公也。……今有天下者独陛下一人而已。恭惟陛下克己忧勤，备尝艰难，春秋鼎盛，自当'则百斯男'，属者椒寝未繁，前星不耀，孤立无助，有识寒心。天其或者深戒陛下，追念祖宗公心长虑之所及乎？"

又写道："崇宁以来，谀臣进说，独推濮王子孙以为近属，余皆谓之同姓，遂使昌陵之后寂寥无闻，奔迸蓝缕，仅同民庶，恐'祀丰于昵'，仰违天监。艺祖在上，莫肯顾歆。此二圣所以未有回銮之期，强敌所以未有悔祸之意，中原所以未有息肩之时也。欲望陛下于'伯'字行下遴选太祖诸孙有贤德者，视秩亲王，使牧九州，以待皇嗣之生，退处藩服。……"

文章用词很典雅，意思很委婉，主张从宋朝的开国皇帝宋太祖赵匡胤的后裔中挑选一人做太子。

原来，当年继承宋太祖赵匡胤皇位的人，不是他的儿子，而是他的弟弟宋太宗赵光义。

以后的历任皇帝，包括宋高宗赵构，都是宋太宗赵光义的直系后裔，而不是宋太祖匡胤的后裔。

而赵光义登基的过程一直有种种传说，在这些传说中，当年的传位经过是一个神秘莫测的故事。

话说公元976年10月19日的夜里，宋太祖赵匡胤突然召弟弟晋王赵光义进宫喝酒，赵匡胤喝多了，就躺下休息。赵光义让所有人都离开，自己来照料哥哥。

宫里人远远地看见赵匡胤坐起来了，和赵光义说了几句话，接着蜡烛光影摇晃，似乎是赵光义离席避让。随后又听到铁斧戳雪的声音，接着听见赵匡胤大声说："好为之，好为之。"

第二天天快亮的时候，赵光义急急忙忙叫人来，说赵匡胤已经驾崩了。

第三天早晨，赵光义就在哥哥的灵柩前登基。

这就是"烛影斧声"的传说。

赵光义做了皇帝以后，一反以往的惯例，在当年就改元太平兴国。不久，他将亲弟弟秦王赵廷美贬到涪陵。随后，他逼死了宋太祖的儿子赵德昭，宋太祖的另一个儿子赵德芳也离奇病死。

赵光义的太子赵元佐与叔叔赵廷美感情很好，秦王赵廷美被贬以后，太子试图营救，但没有成功。后来赵廷美死了，赵元佐疯了，曾经要焚烧宫廷，被宋太宗赵光义废掉太子之位，贬为庶人。

这前后的种种事件，离奇又悲惨，宋朝人都怀疑宋太宗赵光义是谋杀了兄长宋太祖赵匡胤，才登上了皇位。

因此，宋朝的社会舆论一直认为，赵光义的后裔，应该把皇位再归还给赵匡胤的后裔。

如今，除宋高宗赵构一人外，宋太宗赵光义的直系后裔都被抓到金朝去了。宋太祖赵匡胤的直系后裔却还有人尚存。

娄寅亮的奏章打破了坚冰，当选立宋太祖之后为太子就成了一个公开的话题。

宰相范宗尹，参知政事张守，同知枢密院事李回等大臣，也都对这个想法表示支持。

宋高宗赵构一看大势所趋，也曾表示："艺祖（即宋太祖赵匡胤）以圣武定天下，而子孙不得享之，遭时多艰，零落可悯！我今如不选取太祖后裔作为我的过继子嗣，何以慰他的在天之灵！"

皇帝和大臣都同意，百姓的民意也是如此。这件事就算是定下来了。

宋高宗赵构就派人四处去挑选赵匡胤的后裔。

立刻就选来了四五个人，宋高宗赵构亲自审查之后，发表意见："这几个人看起来都不够聪明"，全都打发回去了。

到1132年的夏天，又选来两个孩子，其中从秀州来的一个名叫赵伯琮的孩子，只有7岁，获得了宋高宗赵构的认可。收入宫中，由宠妃张氏负责抚养。

宋高宗赵构选这么小的孩子，也是为自己考虑。一是7岁的孩子几年之内都不会危及自己的皇位。二是万一自己继续努力，能生下来一个男孩，那还是要立自己的儿子为太子的。

张氏抚养赵伯琮之后，另一个得宠的吴氏强烈表示，自己也要养育一个，以备将来再加挑选。于是经宋高宗赵构认可，吴氏收养了另一个名叫赵伯玖的孩子，只有5岁。

到了公元1135的夏天，年纪较大的赵伯琮被封为建国公，开始在临安行宫中的书院中进行学习。

这以后，太尉岳飞进京，在进宫汇报工作的时候见到了赵伯琮。岳飞认为，从赵伯琮的相貌和言谈来看，是一个英明雄伟的少年，很适合做太子。

公元 1137 的秋天，岳飞准备入朝向宋高宗汇报战事，在船上遇到了自己的下属，随军转运薛弼。

岳飞向薛弼透漏："近日有情报说，靖康之变中被抓去的太子赵谌，也就是宋钦宗赵桓的儿子。将要被金国送回汴梁，想要造成我国朝局的混乱。所以，应该把建国公赵伯琮正式立为太子，这样就让金国无计可使了。"

薛弼表示："身为大将，似不应干预此事。"岳飞说："臣子一体，也不当顾虑形迹。"

岳飞和薛弼入朝之后，被安排在同一天面见宋高宗，岳飞在第一批，薛弼在第二批。

岳飞提出立建国公赵伯琮为太子的建议之后，宋高宗赵构略带责备的口气说："卿言虽忠，然握重兵于外，这类事体并不是你所应当参预的。"

赵构在接见薛弼的时候，说："岳飞刚才奏请确立建国公赵伯琮为皇太子，朕告诫他说：'卿言虽忠，然握重兵于外，这类事件并不是你所应当参预的。'"

薛弼连忙回答说："臣虽然是岳飞下属，但从来不曾听他谈及此事。前几天在船上见到了他，只见他整天在舟中练习书法，知道他是正在书写密奏。岳飞的所有密奏，全都是他自己撰写的。"

赵构又说："岳飞听了朕的话后，似乎很不高兴。你可以按照你的意思，再去开解他一下。"

第二天，赵构又对宰相赵鼎说："岳飞昨日建议立建国公赵伯琮为太子，这事情不是他所应当参预的。"

赵鼎回答："臣也想不到，岳飞竟这样不守本分！"

赵鼎在退朝之后，把薛弼找来，对他说："岳飞是大将，现在正领兵在外，怎么能干预朝廷上的大事？怎么竟不知道避免嫌疑？岳飞是军人，不可能想到提这样的建议，大概是他幕僚中的乡下秀才们教他的。你回去后转告那些人，再不要出这样的主意了，这决不是能保全功名、善始善终的做法。"

此时，也有部下认为，岳飞以大将的身份议论太子之事招致朝廷怀疑，所以建议他上奏朝廷以自辩清白。岳飞自认为是一心为国，他说"使天有目，必不使忠臣陷不义；万一不幸，亦何所逃"。

英雄不必是将军，甚至不必有英雄的行为。一个人能战胜内心的软弱、坦然面对未知的恐惧，就是英雄。

岳飞在公元1140年大举北伐前，再次向宋高宗赵构提出立太子之事。

宰相赵鼎的话，也是金石良言。战争中的将军，手握重兵，本身就容易被人怀疑。

而今，岳飞部下有十二军，分别是：前军、右军、中军、左军、后军、游奕军、踏白军、选锋军、胜捷军、破敌军、水军和背嵬军。这十二军共有十多万人马，由22名统制、5名统领和252名将官分别率领，其中王贵、张宪、徐庆、牛皋、董先和岳云都是勇冠三军的名将。

岳飞这么公开提出立太子的话题，就更让人怀疑他的动机了。

何况唐朝之后，宋朝之前，藩镇割据，军阀混战了两百多年，朝廷上下对将军的怀疑成了一种习惯。在文官的眼里，武将就是火车站旁边的饭店，店面越大越该进行综合治理。

当年宋仁宗时的名将狄青，从士兵开始，一刀一枪地拼杀，一直做到太尉，战功赫赫。却毫无理由就被拿掉了兵权。讨论这个决定的时候，宋仁宗赵祯说："狄青是忠臣哪。"宰相文彦博反问宋仁宗："难道本朝宋太祖不是周世宗的忠臣吗？最后还不是黄袍加身夺了后周的天下？"

狄青知道自己被削去兵权，很不服气，去找宰相文彦博。质问他，为什么自己成了地方文官？文彦博瞪狄青好一阵子，憋出一句话来："无他，朝廷疑你。"

没有理由，就是怀疑你。手里有兵，就可能造反，就要受到怀疑。

狄青无语，很郁闷地上任去了，没几年就病死了。

没过多久，岳飞也遭遇了同样的命运。

先是朝局的变化，赵鼎被罢相后，秦桧成为宰相。

随即秦桧全面主持议和工作，他对宋高宗说"诸军但知有将军，不知有天子，跋扈有萌，不可不虑"，建议宋高宗赵构削去几员大将的兵权。

于是，三员大将韩世忠、张俊和岳飞都改任文官。

韩世忠、张俊任枢密使，岳飞任枢密副使。随后将三人的军队收归朝廷直接指挥。

消息传出，举国哗然。前鄂州知州刘洪道："闻之失色，顿足抵掌。"前户部侍郎梁汝嘉上奏说："用张俊、韩世忠、岳飞于西府，刘锜守荆南，皆夺其兵，无复进取之计。"前侍御史石公揆上奏："近日罢宣府三司，署诸路援兵，顿弛武备，罔意边防，呜乎其为国！"

议论纷纷，但改变不了宋高宗的心意。

第三场　赵伯玖加入竞争

　　岳飞建议立建国公赵伯琮为皇太子，开始是让宋高宗对他有所怀疑。但宋高宗反复揣摩此事，越想越气。

　　宋高宗赵构的阳痿虽然已经是公开的秘密，人人皆知。但大臣们面对这位二十几岁的年青皇帝，没人敢来当面议论这种事情。

　　而岳飞提出早立太子的事情，分明是暗示宋高宗已经不可能有生育能力了。这种侮辱，连一个在人口不足四百户的小县任从九品的主簿都不能容忍，何况是九五之尊的皇帝。

　　但这种侮辱来的既隐晦又光明正大，感到受辱的宋高宗还无法当众反驳。

　　赵构的这口恶气，早晚要找个借口发泄出来。

　　朝廷把三员大将的兵权收回以后，又逐步调整这三支部队的中级军官，打乱原有人事结构。把三员大将的影响力降到最低，但凡事有利有弊，对于朝廷来讲，这三支部队的威胁降低到无害的程度了，但用了新的指挥系统、新的指挥官之后的宋军，对金军来说，这些宋军也基本无害了。

一夜之间，南宋又变成了一个内战内行，外战外行的国家。

战斗力的下降，金军知道，宋高宗赵构也知道。

他这么做是一箭三雕之计，一是消除大将的威胁，二是敲打一下岳飞，三是为了要和金朝议和。

随后，为了对金国表示出更大的和平诚意，宰相秦桧开始把一大批主战派撤职免官，而战功卓著的岳飞就成了最主要的打击目标。

10月13日，岳飞被诬有意谋反，被投入大理寺狱。

主审官是御史中丞何铸，秦桧的心腹。

岳飞面对这不白之冤，撕裂衣衫，露出背上的"尽忠报国"四个字。

岳飞将军这凛然正气震撼了何铸，加之反复审判确认并无谋反事实。他宣布审判结束，然后找到秦桧，力辩岳飞无辜。

面对自己的下属，自己的亲信，宰相秦桧被辩得哑口无言，他万般无奈之下，从牙缝里吐出了真相："这是陛下的意思。"

正义感一旦激发出来，就成了一把燃烧的火炬，让一个人具有非凡的勇气。何铸毫不退让，他说："铸岂区区为一岳飞者，强敌未灭，无故戮一大将，失士卒心，非社稷之长计。"

秦桧的原则是说不过你，就让你靠边站。他立即奏请宋高宗，改命万俟卨为御史中丞，主持审理岳飞一案。

万俟卨是秦桧的死党，他对岳飞百般拷打折磨，刑讯逼供。

岳飞拒绝招认，他始终没有说一个字。

审讯持续了两个月，仍然找不到岳飞谋反的罪证。

秦桧等人只好放弃了原有的指控，又把很久以前万俟卨对岳飞的指控，所谓淮西战役时违抗圣旨的事情老调重弹。

　　秦桧以尚书省的名义下了一道"敕牒"给万俟卨，说淮西之战时，岳飞15次被受"御札"，却拒不进兵，坐观胜负，应为岳飞的重大罪状。

　　万俟卨拿着这把尚方宝剑，以为能把岳飞至于死地了，于是就把主审的官员召集起来，商讨岳飞的罪名。

　　但他没有料到，在这次走走形式的罪名分析会，却无法顺利完成。大理寺丞李若朴和何彦猷依然认为，证据不够确凿，造反罪名难以成立，只能判处岳飞两年徒刑。

　　判决书弄不出来，秦桧受到朝廷上下的巨大压力。

　　各地官员纷纷上书，企图营救岳飞，说"宰辅之臣媚虏急和"；说"胡虏未灭，飞之力尚能勘定"；说"岂可令将帅相屠，自为逆贼报仇哉"；说"中原未靖，祸及忠义，是忘二圣，不欲复中原也。臣以百口保飞无他。"

　　已经赋闲在家，为了避祸整天游山玩水的韩世忠也忍不住了，他跑去当面指责秦桧虚构事实诬陷岳飞。秦桧回答，虽然事实并不明确，"其事体莫须有。"韩世忠怒不可遏："莫须有三字，何以服天下！"

　　公元1142年1月27日，已是腊月二十九，眼看就是新年。这一天，秦桧在书房独坐，吃着柑子，手里揉搓着柑皮，用指甲在上面划来划去，陷入沉思之中。

　　秦桧的妻子王氏是北宋熙宁年间宰相王圭的孙女，对朝廷上下的勾心斗角很有心得。这时，她走进书房，看到秦桧的这副样子，知道他又在考虑岳飞的案子，就提醒他说："你老人家竟这般缺乏果断吗？要知道捉虎容易放虎难呀！"

　　这一句话打动了秦桧，他下定决心，随手扯了一张纸条，刷刷点点写下几个字，送往大理寺狱中。

万俟卨接到秦桧的亲笔指示，立即提审岳飞，逼他在供状上画押。岳飞预感到这是最后的时刻，便拿过笔来在供状上写了八个大字：天日昭昭！天日昭昭！

抗金名将岳飞，前因议论太子之事受到宋高宗的猜忌痛恨，后因主战成为朝廷议和的绊脚石。在这一年的除夕之夜，被杀于大理寺风波亭。

杀岳飞之事是先斩后奏，但秦桧未受到任何处罚，看来他必然已得到宋高宗的许可。

岳飞已死，南宋与金朝签订了屈辱的"绍兴和议"，南宋割地、岁贡、称臣。由于秦桧在议和中的突出表现，金朝要求南宋"不许以无罪去首相"，干涉南宋内政，让秦桧成了终身宰相。议和尘埃落定，但立太子之事还没有解决。

当初选中的赵伯琮和赵伯玖两个孩子，名字都带"伯"字。按照北宋赵氏的家谱来看，这两个孩子都是宋太祖的后裔，且都比宋高宗赵构小一辈。

这两个孩子同时参加这场海选。海选之前，宋高宗和几个大臣有过议论。

宋高宗表示以前选的几个不满意，但还是要继续挑选宋太祖的后裔。

几位大臣对皇帝以国事为重，高瞻远瞩，英明神武的决定表示钦佩。

宋高宗接受表扬之后，开始自我表扬，说"此事亦不难行，只是道理所在。为了不乱了皇室的辈分，朕只选伯字辈的孩子。"

秦桧提出建议："须择宗室闺门有礼法者。"

宋高宗表示同意。

签书枢密院事富直柔想问题比较细，他问："宫中有可付托否？"小孩子进宫，有了养母，就有了依靠。

宋高宗说："朕已得之。若不先择宫嫔，则可虑之事更多。"

尚书右仆射范宗尹说："陛下睿明，审虑如此，宗庙无疆之福。"

标准定下来以后，皇帝和几个妃子开始选秀。

7岁的赵伯琮偏瘦，5岁的赵伯玖偏胖。赵伯琮年纪稍大，懂点儿规矩，看起来挺乖。

赵伯玖年纪还小，很顽皮。有只猫从旁边走过，这个小胖子上去给了它一脚。

宋高宗认为"如此轻狂，怎能担当社稷重任？"于是，很低调很淡定的赵伯琮就首先中选了。挑选养母的时候，应该先由宋高宗最宠爱的潘贤妃来选，但潘贤妃的儿子刚夭折不久，正在郁闷，没这个兴致。旁边的婕妤张氏向赵伯琮招手，赵伯琮马上上前和这个阿姨亲近，成了她的养子。剩下的小胖子赵伯玖成了才人吴氏的养子。

刚一进宫，赵伯琮和赵伯玖这两个孩子就参与进这场夺嫡之争了。

后来赵伯琮封建国公，宋高宗特意下诏："建国公禄赐比皇子"，说明赵伯琮享受皇子的待遇，并声明准备安排赵伯琮读书。

当时的宰相赵鼎一看立太子的事情比较顺利，就趁热打铁，建议本月26日就是吉日，请皇帝批准让赵伯琮立刻开始读书。

宋高宗同意了。

旁边的大臣沈与求对皇帝的人品和智慧表示钦佩，说："此盛德之事也，而陛下断自圣心，行之不疑，此自古圣贤之所难也。"

宋高宗欣然接受了臣下的恭维，他很得意地说："朕年二十九未有子，然国朝自有仁宗皇帝故事，此事甚易行，而前代帝王多以为难。"

所谓仁宗皇帝故事是说宋仁宗的事情，宋仁宗的三个儿子都夭折了，将宋太宗的曾孙赵宗实接进宫中抚养，而后立为太子。宋仁宗驾崩后，赵宗实称帝，就是宋英宗。

看到宋高宗很高兴，宰相赵鼎接着称赞："自古帝王以为难，陛下行之甚易，此所以莫可跂及也。"

大臣孟庾也加入了表扬的队伍："陛下念艺祖开创之艰，而圣虑及此，帝王所难能之事也。"

宋高宗对自己选中的赵伯琮也很满意，他说："此子天资特异，在宫中俨如神人。朕亲自教之读书，性极强记。"

由以上情况可见，群臣虽然心里都支持尽快立太子，确定国之根本。但在宋高宗的面前，又对立太子之事小心翼翼，只敢顺着皇帝的意思推动这件事的发展，没有一个人敢拨快宋高宗的时间表。

公元1138年，宋高宗的后宫争宠，吴氏对张氏的养子赵伯琮被封为建国公表示不满，怂恿宋高宗封自己的养子赵伯玖为吴国公，宋高宗同意了。

几位大臣一看听说皇帝有这个意思，在底下议论纷纷。

枢密副使王庶说："并后匹嫡，古以为戒，此岂可行。"他认为两个孩子都封为公爵，身份上分不出高低，后宫将出现夺嫡之争的隐患。

宰相赵鼎对副宰相秦桧说，我明天要公开上奏表示反对。秦桧沉默不语。

第二天，赵鼎对宋高宗说："现在建国公赵伯琮入宫以后，天下之人皆知陛下有子矣。以前后恩数并同皇子。……此社稷大计，苍生之福也。如果现在两个人都是同等爵位，天下人肯定要迷惑不清了。"

过了几天，参知政事刘大中也对宋高宗表达了同样的意见。

封赵伯玖为吴国公的事情被搁置了。

副宰相秦桧单独面见宋高宗时却说："赵鼎欲立皇子，是说陛下将来也不会有儿子了。陛下还是应该等到以后有了亲生儿子，再立为太子。"秦桧这一句话就踢开了宰相赵鼎，算是一头扑进了宋高宗赵构的怀里。

不久刘大中和赵鼎先后被降职，离开临安。秦桧成为宰相，且是唯一的宰相，没有副职。

秦桧独相后，宋高宗得偿心愿。

公元1139 年封赵伯玖为崇国公，开始读书，待遇和赵伯琮一样。

第四场　赵眘有自己的想法

赵鼎被降职到地方任职之后，继续受到攻击。

御史中丞詹大方弹劾赵鼎："责授清远军节度副使、潮州安置赵鼎，辅政累年，不顾国事，邪谋密计，深不可测；与范冲辈咸怀异意，以邀无妄之福；用心如此，不忠孰甚？"

说赵鼎对立太子的建议是别有所图，搞政治投机。

宋高宗赵构完全同意，他把赵鼎贬到更远的地方去了。要"使其门生故吏知不复用，庶无窥伺之谋。"

公元1143年，高宗正式册立吴氏为皇后。

赵伯琮的准太子位置本来就不太稳当，现在更加岌岌可危。

后来，养母张氏病故，赵伯琮也成了吴皇后的养子。

可能是赵伯琮确实为人乖巧，吴皇后虽然有些偏袒资深养子赵伯玖，但表面上仍维持对两人一视同仁，连吃东西都是两人一人一半。

赵伯琮成年以后，进封普安郡王。不久赵伯玖也进封恩平郡王，待遇和级别和赵伯琮完全一样。

　　赵伯琮鄙夷秦桧的人品，也反对对金朝的议和政策，两人关系非常不好。

　　这一年，赵伯琮生父赵子偁去世，宋高宗下令讨论普安郡王是否应该服孝，秦桧一党都建议赵伯琮应该服孝，宋高宗批准。

　　这件事表面上看是批准了养子为亲生父亲服丧，实际上有再次确认赵伯琮的血缘，不承认他的准太子地位的意思。

　　这边两个养子越长越大，那边宋高宗不放弃努力，想借助一切办法生出自己的亲生儿子。

　　宋高宗在宫里求神烧香，举办祀典，皇帝本人在内殿斋戒，由秦桧出任亲祠使，"牲用太牢，玉用青，币仿其玉之色，乐舞如南郊之制"。宋高宗渴望通过这些仪式来感动上天，求得一子。

　　公元1152年和公元1154年，赣州兵变，衢州暴动。宰相秦桧为粉饰太平，隐瞒不奏。赵伯琮偶尔向宋高宗提起此事。宋高宗这才知道，大吃大惊，便责问秦桧。

　　秦桧怀恨在心，以服丧期间停发工资的理由，扣除了普安郡王赵伯琮的俸禄。宋高宗知道以后，自己出钱，给他补足。

　　公元1155年，秦桧病死。

　　宋高宗对这位做了18年的宰相爱恨交织，先是追封秦桧为申王，谥号忠献。而后又拒绝了秦桧一党推荐他的养子秦熺继承相位的要求。

　　日复一日，宋高宗眼看自己的努力没有成果，开始认真地考虑立太子的问题。

　　恰在此时，国子博士史浩提议说："普安、恩平二王宜择其一，以系天下所望。"高宗点头同意，任命史浩为二王府教授。

　　那么到底选谁为太子呢？

　　不久，宋高宗的第一次考验来了。

酷爱书法的宋高宗命两位郡王各写五百本王羲之的《兰亭集序》，这篇天下第一行书共28行，324字，五百本就是162000字。

面对这抄写500遍的家庭作业，两位郡王都吓了一跳。

在史浩的劝说下，普安郡王赵伯琮知难而上，他写了七百本进献给宋高宗。

恩平郡王赵伯玖呢？交了白卷，一个字也没写。

在后宫努力了几十年的宋高宗又来了第二次考验，他赐给两位郡王各宫女十名。

史浩又劝说普安郡王赵伯琮，这十名都是皇帝的宫女，应当用庶母之礼仪相待。

普安郡王赵伯琮听从了老师的意见。

几天后，宋高宗把十名宫女召回，找人验看，这十名宫女仍是处女，完璧归赵。

而赐给恩平郡王赵伯玖的宫女呢，经宋高宗检查，这十位全部被他宠幸过了。

2:0，普安郡王赵伯琮完胜。

公元1160年，宋高宗对群臣说："朕有一事，所当施行，似不可缓。普安郡王甚贤。欲与差别。卿等可议除少保、使相，仍封真王。"

随后宋高宗下诏：赵伯琮为皇子，封建王。史浩被任命为建王府教授兼直讲。

赵伯玖为判大宗正事，并改称皇侄。

这一年，宋高宗54岁。赵伯琮已34岁，他已入宫近30年了。

第二年，金海陵王完颜亮率领60万大军渡过淮河，占领两淮地区，逼近长江。朝中的投降派纷纷要求退守，建王赵伯琮则积极主战，并上书朝廷，请求率军抗敌。

准太子想带兵，他想干什么？这让经历过逼宫兵变、强迫他立太子为帝的宋高宗非常反感。

史浩竭力劝阻建王赵伯琮说："危难之时，父子安可跬步相违。皇子不可将兵，应当以古人为戒。"建王赵伯琮立刻醒悟了，自己犯了大错，连忙让史浩草拟一份奏章，把请求自己率军改为请求随同皇帝出征。

正在发怒的宋高宗，看了这份奏章后才转怒为喜。

不久，殿中侍御史吴芾请求任命皇子赵伯琮作为元帅，去视察军队。又是史浩上书："建王一直生活在深宫之中，不曾与诸将接触，办不了这样的事情。"宋高宗就让建王赵伯琮见了所有的将军，并一一认识。随后，带着建王去建康出巡，接近了长江防线。父子两人骑马而行，感情又加深了一步。

11月8日，中书舍人虞允文被委任为督视江淮军马府的参谋军事，前往采石矶犒师，而金军正打算从此处渡过长江。当时，原来负责督军的主帅李显忠还未赶到，前线没有指挥官，军心浮动。虞允文一路北上，一路鼓励士气，集结了附近的军队，隐藏在山后，沿江布阵。

金军渡江时，没有见到宋军，以为没有防守，等快到了长江南岸的时候，才发现宋军严阵以待。

金军仓促接战，先乱了阵脚。宋军水师用踏车海鳅船，吨位大机动性好，突然出击。而金军用平底小船，很不灵活。第一天，宋军水师就打得金军大败。

第二天，虞允文又派水师主动进攻江北渡口。宋军用强弩射箭、用船载霹雳炮轰击，再次大败金军。

完颜亮连败两阵，退回和州，接着转进扬州。准备在瓜洲渡再次渡江。

为了让宋军措不及手，完颜亮命令金军3天内必须全部渡江，否则处死。众将纷纷叫苦不迭，部将完颜元宜忍无可忍，杀了完颜亮。金军退走，宋军乘机收复两淮地区。

宋金双方又进入相持阶段。

公元1162年5月，宋高宗下诏说："朕以不德，躬履艰难，荷天地祖宗垂佑之休，获安大位三十有六年，忧劳万几，宵旰靡惮。属时多故，未能雍容释负，退养寿康。今边鄙粗宁，可遂初志。而皇子玮毓德允成，神器有托，朕心庶几焉，可立为皇太子。"

将建王赐名为赵眘，立为太子，随后举办了一系列立皇太子的典礼。

六月，宋高宗又说："思欲释去重负，以介寿臧，蔽自朕心，亟决大计"。他想退休了。

并说："皇太子可即位皇帝位，朕称太上皇，退处德寿宫，皇后称太上皇后。一应军国事，并听嗣君处分。朕以澹泊为心，颐神养志，岂不乐哉！"

随后在紫宸殿行内禅之礼，宋高宗赵构禅让，称太上皇。

宋高宗在召见群臣时，说："朕在位，失德甚多，更赖卿等掩覆。"算是对他的执政生涯做了小结。

太子赵眘登基，这就是宋孝宗。

宋孝宗登基后，定年号为隆兴，立志收复中原，北伐金朝。

他首先下诏为岳飞平反昭雪，说："三省同奉以旨：故岳飞起自行伍，不逾数年，位至将相，而能事上以忠，御众有法，屡立功效、不自矜夸。余烈遗风，至今不泯。去冬戎鄂渚之众，师行不扰、动有纪律，道路之人，归功于飞。飞虽坐事以殁，而太上皇帝念之不忘。今可仰承圣意，与迫复原官，以礼改葬；访求其后，特与录用。"

诏书中强调"太上皇帝念之不忘",而宋孝宗是"仰承圣意"。特别说明宋孝宗是按照太上皇宋高宗的意思为岳飞平反的。

10月,宋孝宗又发布了第二道诏书,正式恢复岳飞生前的少保、武胜定国军节度使、武昌郡开国等官职,并简单追述了岳飞的事迹。诏书说:"故前少保岳飞,拔自偏裨,骤当方面。志略不专于古法,沉雄殆得于天资。事上以忠,至无嫌于辰告;行师有律,几不犯于秋毫。外摧孔炽之狂胡,内剪方张之剧盗,名之难掩,众所共闻……嗟夫!闻李牧之为人,殆将抚髀;阙西平而不录,敢缓旌贤。如其有知,可以无憾!可特追复少保、武胜定国军节度使、武昌郡开国公,食邑六千一百户,实封二千六百户。"

其中"事上以忠,至无嫌于辰告"一句,就是说岳飞曾经建议立宋孝宗为太子的事情。

随后,宋孝宗很想改变议和为主的国策,他向太上皇赵构"力陈恢复大计",宋高宗却说:"大哥,俟老者百岁后,尔却议之。"反对新皇帝的观点。

500年后的清朝康熙帝支持宋高宗的观点,他认为"根本已久不固,人心已久不一,上无惯战之良将,下无用命之士卒,天下虽有勤王之名,真伪莫测,虚实难分。高宗久在金营,孰强孰弱,自有切见,若使复仇雪耻,再整江山,实不能也,势使之也。孟子曰:'寡众弱强不敌也。'"

宋孝宗想用张浚为帅,太上皇却对这位老将评价不高,他对宋孝宗说:"毋信张浚虚名,将来必误大计,他专把国家名器财物做人情耳!"

宋孝宗不听,派张浚率军北伐中原,统一指挥建康、镇江、江州、池州和江阴等地的兵马。

当时金军正在灵壁、虹县两地集结，准备南下。张浚采用主管殿前司李显忠和建康都统邵宏渊之计，准备先发制人。张浚将作战计划上报宋孝宗以后，皇帝命他迅速拿下灵壁、虹县两城。

于是张浚集结了八万宋军，兵分两路出师北伐，李显忠军自濠州出发，直取灵壁，邵宏渊军自泗州出发，进攻虹县。

战争初期，宋军推进很快，攻下了灵壁、宿州等。但张浚指挥能力平平，前方李显忠与邵宏渊二将又不和。金军反攻李显忠军驻守的宿州时，邵宏渊拒绝出兵援救。宋军大败，宿州失守，损失七八千人马。

太上皇宋高宗知道北伐失败了，便"日雇夫五百人，立殿廷下，人日支一千足，各备担索"，雇了搬家公司，随时准备逃跑。

金兵随后南下，攻破两淮，逼近长江防线。

公元1164年，宋孝宗被迫和金世宗签订"隆兴和议"。

和议约定：双方世为叔侄之国，宋帝正皇帝之称，不再向金称臣；改岁贡为岁币，宋每年予金银、绢各减至二十万两匹；宋放弃占领的商、秦、海、泗、唐、邓诸州，两国疆界一如绍兴和议之旧；不遣返叛亡之人。

一百年后有人议论这段历史，非常感慨，说："高宗之朝，有恢复之臣而无恢复之君；孝宗之朝，有恢复之君而无恢复之臣。故其出师才少衄，满朝争论其非，屈己求和而不能遂。孝宗之志惜哉！"

宋孝宗这次北伐虽然是虎头蛇尾，但是这种锐气还是让金朝上下大吃一惊。

而支持议和的宋高宗，当了25年的太上皇。公元1187年，81岁的赵构去世，这时宋孝宗已经60岁了。

所以"隆兴和议"之后，在宋孝宗和金世宗执政期间，宋金两国始终保持和平状态。在宋孝宗的领导下，江南经济得到很大恢复和发展，史称"乾淳之治"。在金世宗的领导下，北方经济也得到很大的发展，史称"大定之治"。

公元1189年，金世宗去世之后，继位的是其孙金章宗完颜璟，这一年只有22岁，而宋孝宗已经62岁了。宋孝宗不愿称这个小孩子为叔叔，所以宣布退位，在这一年的2月18日禅让于太子赵惇，这就是宋光宗。

南宋宋高宗这次立太子，由于不是自己的亲生骨肉，所以先是态度很不端正，搞出些拖延战术，以阻塞大臣的意见。继而，要把立太子的决定权牢牢掌握在自己手里，不管是大将还是宰相，谁敢要插手此事，就立刻打压下去。赵构眼看过了生育年龄，拖无可拖。他的几次考察，其重点并不是考察能力，甚至也没有考察是否聪明。他要确定的只有两个字："孝"和"顺"。

宋孝宗的能力不俗，把国家治理得很好，这和太上皇宋高宗的选择无关，完全是个偶然。

第八幕

明太子：艰难的命运

【明神宗　太子之不完全档案】

朝代：明

皇帝：明神宗　朱翊钧

朱常洛：太子，王氏所生。

朱常洵：郑贵妃所生。

其他皇子：邠王朱常溆　沅王朱常治　瑞王朱
　　　　　常浩　惠王朱常润 桂王朱常瀛 永王
　　　　　朱常溥

斗争：争国本

继位者：明光宗朱常洛

第一场　明神宗和大臣的豪赌

在30年前，在很多香港古装武打片的片头，有一句说了又说的旁白："明神宗万历年间，奸臣当道，民不聊生……"

然后，电影正式开始，就是坏人欺负好人/好人宽容坏人/坏人暗害好人/好人的独生子女逃走/而后拜师学艺/十八年后报仇雪恨的故事了……总之，给人的印象是，万历年间，从朝廷到江湖打作一团了。

打开正史一看，并不是这样的，万历年间的奸臣折腾指数很低。

朱翊钧是明穆宗朱载垕的第三个儿子，但他的两个哥哥早夭，朱翊钧就成了嫡长子。6岁被册封为太子，9岁即皇帝位，这就是明神宗。次年改年号为万历，公元1573年是万历元年。

9岁的小皇帝主要任务是学习，开始学习怎样管理这个国家，实际管理国家的是在他的生母李太后、司礼监太监冯保和内阁首辅张居正。直到公元1582年张居正病死，冯保被抄家，明神宗朱翊钧才开始正式行使皇帝的权力。

公元1578年皇帝大婚，14岁的朱皇帝娶了12岁的王皇后。

按照明太祖朱元璋定下的规矩，"凡天子、亲王之后、妃、宫嫔，慎选良家女为之，进者弗受，故妃、后多采之民间。"显然防止外戚干政的有效方法，比如李太后的父亲李伟以前是小商人，直到明穆宗登基以后，才封自己的岳父为"锦衣卫都指挥金事及赐养赡庄田七百顷，"并无实权。李伟最大的心思就是发财，利用自己的身份做过皇商，不曾对争夺天下动过什么念头。

当然外貌也是候选的条件之一，但并不要求美艳，而是近似于现在电视台新闻节目主持人的风格。

王皇后就是位端庄的小家碧玉，大婚以后两人算是琴瑟和谐，不久，她生下长女荣昌公主朱轩媖。

公元1582年，18岁的明神宗朱翊钧又结婚了，这次同时娶进九位嫔妃。

后宫佳丽的突然增加，让年轻的皇帝有了更多的伴侣，王皇后就难免寂寞了。年轻的皇后每日独坐深宫，心情郁闷。

皇后郁闷，皇帝也郁闷，他郁闷的原因很奇怪——他知道自己要做父亲了。

万历初年，朝廷在北京附近挑选了一批身家清白，9岁到14岁的女孩子进宫做宫女，其中有一位姓王的姑娘被选进李太后的慈宁宫中。

公元1581年，也就是九位嫔妃入宫的前一年。

明神宗朱翊钧到慈宁宫给母后问安，偏巧李太后不在宫中。万历命人打水来洗手，王姑娘捧上水盆，17岁的天子一时情动，临幸了她。并且按照宫里的规矩，送给她一件首饰，既是赏赐也是凭证。

不久，明神宗这见色起意的春风一度开花结果了。而后，李太后也知道了这件事。

　　九位嫔妃入宫不久，四月的一天。万历陪母后吃饭的时候，李太后告诉皇帝："我宫中王氏，被你召幸，现已有娠了。"万历一听，这件丑事暴露了，他万分尴尬，拒不承认。

　　但有一点他忘了，他是皇帝，他的吃饭睡觉穿衣戴帽一言一行一举一动都有人记录的，这本流水账就叫做《起居注》。

　　偏巧明神宗朱翊钧的流水账还保存得特别好，他的《起居注》现在还能看到，甚至可以买到，还不止一个版本。北京大学出版社1998年出版过《万历起居注》，天津古籍出版社2010年出版过《辑校万历起居注》。

　　李太后命人去取《内起居注》来，这是专门记录朱翊钧下班以后活动的《起居注》。

　　明神宗朱翊钧看到上面的白纸黑字，记录了他某年月日宠幸了慈宁宫的宫女王姑娘，这下哑口无言了。李太后并没有生气，她反而很欣慰："我年纪老了，还没有孙子呢。如果这次真是个男孩，也是皇室和国家的福气啊！"见到母后真情流露，明神宗朱翊钧无可抵赖，就承认了。

　　于是，明神宗朱翊钧当月册封王氏为恭妃。

　　当年8月，恭妃王氏生下一子，取名朱常洛，这是明神宗朱翊钧的第一个儿子。

　　但初为人父的明神宗朱翊钧对恭妃母子非常冷落，并宣布皇长子出生后的庆典一概从简。因为他已心有所爱，这就是嫔妃郑氏。郑氏非常活泼，甚至在和明神宗打情骂俏的时候，说"陛下真像个老太太"。这样的性格在宫中非常罕见，因此明神宗"一世的聪明情愿糊涂"，对她"爱到不能爱"。

　　不久，顺妃常氏为明神宗朱翊钧生下一子，当日夭折。

　　公元1586年，郑氏生下皇三子朱常洵，明神宗朱翊钧心花怒放，特意给户部下旨："朕生子喜庆，宫中有赏赉，内库缺乏，著户部取太仓银十五万两来！"并立即封郑氏为皇贵妃，地位在众妃之上，仅次于皇后。

群臣都很清楚，再不督促皇帝立皇长子朱常洛为太子，皇三子朱常洵就很可能取而代之。

内阁的大学士申时行等上奏，请早立太子，并且举例说明：明英宗两岁、明孝宗六岁、明武宗一岁就立为太子了。明神宗朱翊钧的批示是："皇长子身体不好，再等二三年举行。"

接着，给事中姜应麟上书，说恭妃生皇长子却位居郑贵妃之下，如此行径违背了伦理纲常，使百姓人心不安。如要安定人心，还请皇上先收回成命。如果是皇上无法克制自己的感情，那么请先封恭妃为皇贵妃，然后再封郑氏，这样既不违礼也不废情。但臣所说的还只是皮毛，关键问题还没有提到。如果皇上想确定名分，不如听一听内阁的意见，立皇长子为太子，以安定天下的根本，让臣民安心，自然就国运长久了。

这种朝廷官员明目张胆掺和天子家务事的情况，在明朝特别常见。

这种情况是明朝的制度造成的，而这种制度也是拜明太祖朱元璋所赐。这位开国皇帝建立了一整套监察机构，总人数保持在两百人左右，包括都给事中、左右给事中、给事中、都御史、副都御史、佥都御史和十三道监察御史。这些人一般被称为"言官"，他们级别低，比如监察御史和给事中都是七品。但是管得宽，上到皇帝下到百官，都是他们的监察对象。

明神宗朱翊钧看完这封奏折，勃然大怒，把它一把摔在地上，然后一边拍桌子，一边对身旁的太监说："册封贵妃，根本和立太子无关，这些言官如此大胆，竟敢讥讽朕！"

太监们连忙跪下，求万岁息怒。

明神宗朱翊钧在盛怒之下，立刻降旨："郑贵妃敬奉勤劳，特加殊封。立储自有长幼，姜应麟假装正直，实则是炒作自己的名声。竟然还敢私自怀疑天子，把他马上贬到边远地区去。"

吏部员外郎沈璟、刑部主事孙如法等人上书支持姜应麟，也被严肃处理。

北京南京上书表示支持的有数十封，明神宗朱翊钧还是拒绝接受。

在明朝监察制度和儒家诤谏文化的双重扶持下，明朝官员是特别能战斗的，皇帝拍一拍桌子只能吓唬太监，吓不倒坚强的大臣。明神宗朱翊钧这一下算是捅了马蜂窝，朝廷上下的奏折铺天盖地而来，都用圣旨上"立储自有长幼"的逻辑来责难皇帝本人。

一天，明神宗朱翊钧进宫向李太后问安。李太后问起立太子之事到底如何，明神宗朱翊钧回答："皇长子是宫女的儿子。"宫女出身的李太后一听这话，当时就暴怒："母以子贵，宁分差等！你也是宫女的儿子!"明神宗朱翊钧立刻长跪不起，给母亲赔罪。

宫里宫外的马蜂都招来了，明神宗朱翊钧挨不过这许多蛰，有些窝火。他就另打算盘，不让皇长子朱常洛读书。

在中国古代，读书是一件大事。

《红楼梦》里贾宝玉的爷爷是荣国公贾代善，而他父亲贾政是贾代善的次子，并不是嫡长子。所以虽然贾母很偏爱这个孙子，但贾宝玉是不可能继承荣国府的家业的。

就是这个贾宝玉，他要读书去了，就成了贾府的一件大事。在《红楼梦》第九回写道：

至是日一早，宝玉起来时，袭人早已把书笔文物包好，……俱已穿戴齐备，袭人催他去见贾母，贾政，王夫人等。宝玉又去嘱咐了晴雯麝月等几句，方出来见贾母。贾母也未免有几句嘱咐的话。然后去见王夫人，又出来书房中见贾政。偏生这日贾政回家早些，正在书房中与相公清客们闲谈。忽见宝玉进来请安，回说上学里去，贾政冷笑道："你如果再提上学两个字，连我也羞死了。依我的话，你竟玩你的去是正理。仔细站脏了我这地，靠脏了我的门！"众清客相公们都早起身笑道："老世翁何必又如此。今日世兄一去，三二年就可显身成名的了，断不似往年仍作小儿之态了。天也将饭时，世兄竟快请罢。"说着便有两个年老的携了宝玉出去。

　　贾政因问："跟宝玉的是谁？"只听外面答应了两声，早进来三四个大汉，打千儿请安。贾政看时，认得是宝玉的奶母之子，名唤李贵。因向他道："你们成日家跟他上学，他到底念了些什么书！倒念了些流言混语在肚子里，学了些精致的淘气。等我闲一闲，先揭了你的皮，再和那不长进的算帐！"吓得李贵忙双膝跪下，摘了帽子，碰头有声，连连答应"是"，又回说："哥儿已念到第三本《诗经》，什么呦呦鹿鸣，荷叶浮萍，小的不敢撒谎。"说的满座哄然大笑起来。贾政也撑不住笑了。因说道："那怕再念三十本《诗经》，也都是掩耳偷铃，哄人而已。你去请学里太爷的安，就说我说了：什么《诗经》古文，一概不用虚应故事，只是先把《四书》一气讲明背熟，是最要紧的。"李贵忙答应"是"，见贾政无话，方退出去。……又至贾母这边，秦钟早来候着了，贾母正和他说话儿呢。于是二人见过，辞了贾母。宝玉忽想起未辞黛玉，因又忙至黛玉房中来作辞。彼时黛玉才在窗下对镜理妆，听宝玉说上学去，因笑道："好，这一去，可定是要蟾宫折桂去了。我不能送你了。"宝玉道："好妹妹，等我下了学再吃饭。和胭脂膏子也等我来再制。"劳叨了半日，方撤身去了。黛玉忙又叫住问道："你怎么不去辞辞你宝姐姐呢？"宝玉笑而不答，一径同秦钟上学去了。

这大费周章，就是为了读书。但是，"原来这贾家之义学，离此也不甚远，不过一里之遥。"

一个侯门公子尚且如此，作为皇子来说，意义更加重大。皇子读书，无论是在宫内还是在宫外。先要有相应的名分和礼仪，这就会让大臣有机会再提立太子的事情。继之，皇子就会接触到老师，而皇子的老师都是官员，这就又促成皇子与朝廷的第一次接触。

所以，明神宗朱翊钧就从教育问题入手，不让皇长子读书。

年复一年日复一日，他和大臣们就这么耗下去了。

这场政治困局，明神宗朱翊钧就是要赌一赌。他一赌王皇后出大错，或者干脆死掉，他就能立郑贵妃为后，皇三子朱常洵自然就成了嫡长子，就能立为太子。二赌皇长子朱常洛身体不好，或者干脆死掉，皇三子朱常洵就递升为皇长子，也能立为太子。

公元1586年以后，明神宗朱翊钧开始怠工，他不出宫门，不见外官，仅偶尔见一见内阁成员。

第二场　郑贵妃很傻很努力

　　公元1587年，郑贵妃为明神宗生下皇四子朱常治，一年后夭折。

　　公元1590年，周氏为明神宗生下皇五子朱常浩。

　　又过了两年，眼看皇长子朱常洛9岁了，还没有读书。

　　内阁大臣大学士申时行、王锡爵等人在接受皇帝召见时，再次就读书问题和皇帝交换意见。明神宗朱翊钧开始不置可否，等到这些大臣要退出去了，他改变了主意。

　　明神宗朱翊钧派太监叫住申时行等人，说"已令人宣皇子来与先生一见。"

　　过了一会儿，皇长子朱常洛、皇三子朱常洵都来了，被引至御榻前。皇长子朱常洛站在御榻右侧，明神宗朱翊钧拉着他的手。

　　这是内阁大臣第一次看到两位皇子，他们仔细打量这两个孩子，然后说："皇长子龙姿凤表，岐嶷非凡，仰见皇上昌后之仁。"明神宗也很高兴："此祖宗德泽、圣母恩庇，朕何敢当。"

　　看到皇帝心情不错，申时行再次提出："皇长子年纪大了，宜读书。"又补充说明："皇上立为太子后，6岁就已经开始读书了。皇长子读书已晚矣。"

明神宗朱翊钧小得意："朕5岁即能读书。"又指着皇三子朱常洵说："这个孩子5岁了，尚不能离开乳母。"

说着顺手把皇长子朱常洛拉到膝前，抚摩叹惜。

眼看皇帝真情流露，申时行再接再厉，他叩头启奏："有此美玉，何不早加琢磨，使之成器。"

明神宗朱翊钧说："朕知道了。"

内阁大臣叩头退出。

这次经历让朝中大臣欢欣鼓舞，但嘴里的热气还没暖到手，就散了。

眼看冬天就要来了，皇帝再没提过让皇长子读书的事。

到了这年10月，几位内阁大臣再次要求皇帝立太子，否则就提出辞职。首辅申时行没有参与这次总辞职，但是也提出因病辞职的要求。

明神宗朱翊钧大怒，指责内阁邀名犯上，没事找事。

大学士王家屏来和稀泥，化解了这场矛盾。

明神宗朱翊钧顺坡下驴，提出自己的意见：明年春夏两季，大臣们不再拿这件事来烦他，他就在冬天立太子。否则，就等到六年之后，皇长子朱常洛15岁再说。

不久，明神宗朱翊钧又把立太子的期限修订为万历二十年的春天，也就是公元1593年的春天。

得到皇帝的承诺以后，大臣们中场休息了一阵子。但没过多久，又有人忍不住了，跳出来提立太子的事。

明神宗朱翊钧先把这人治罪，然后趁机提出延后一年，以报复大臣们的违约行为。

　　眼看公元1593年的春天过去了，接着公元1594年的春天也来了。明神宗没有任何动作，内阁首辅大学士王锡爵秘密上书皇帝，"前者册典垂行，而辄为小臣激聒所阻。皇上亲发大信，定以二十一年举行，于是群嚣寂然。盖皆知成命在上，有所恃而无虞也。倘春令过期，外廷之臣必曰：'昔以激聒而改迟，今复何名而又缓？'伏乞降谕举行，使盛美皆归之独断，而天功无与于人谋。"劝明神宗不可失信。

　　明神宗朱翊钧回复大学士王锡爵：朕以前虽然下了今年春天册立太子的圣旨，但昨天读了太祖朱元璋的《皇明祖训》，上面写着立嫡不立庶。现在皇后还很年轻，要等皇后生出嫡长子来再说，否则先有皇长子立为太子，又有嫡长子，该怎么办呢？不如先把三位皇子同时封王。再等几年，如果皇后生不出嫡子，再立太子。

　　大学士王锡爵继续上书："昔汉明帝取宫人贾氏子，命马皇后养之。唐玄宗取杨良媛子，命王皇后养之。宋真宗刘皇后取李宸妃之子为子。与其旷日迟久，待将来未定之天，孰若酌古准今，成目下两全之美。"并且建议自己替皇帝拟出"传帖"两道：一个是马上立太子，另一个是三王并封。这两套方案供皇帝选择。

　　明神宗朱翊钧公开了回复大学士王锡爵的上谕，群臣沸腾。

　　工部郎中岳元声、礼部郎中顾允成、张纳陛等人联名上书："当今天子并非嫡长子，被明穆宗立为太子时只有六岁。当时陈皇后也还很年轻，但明穆宗并没有假设要有了嫡子该怎么办，为什么当今天子要这么做呢？"

　　刑科给事中王如坚、光禄丞朱维京等人联名上书："当今天子倘有嫡子，则已经立为太子的皇长子自当避位，无所谓'二储'之虑。而现在圣旨公开说要等皇后生嫡子，继承大统，则皇后心理压力必然加重，自然不安。再则，皇后能不能生出嫡子，决定权在皇帝，皇帝不临幸皇后，皇后怎能生子？"

　　光禄少卿徐杰，署丞王学曾，郎中陈泰来、于孔兼等人也纷纷发表意见。

　　明神宗立即处理了这几位提意见的大臣，但轻重不一，有人被贬为民、有人充军戍边，工部郎中岳元声、礼部郎中顾允成、张纳陛被骂，但是没追究责任。

　　这天，群臣又在朝房议论此事，有人认为皇帝的上谕都是王锡爵出的主意，于是大家就把大学士王锡爵团团围住大吵一架。

　　工部郎中岳元声说："阁下为什么弄出个三王并封，等着皇后生嫡子的主意？"

　　大学士王锡爵说："你想怎样？"

　　岳元声说："应该大家谴责你的事情告诉皇上，让皇上知道群臣的意见。"

　　王锡爵反问："那把你们大家的名字都写上，怎么样？"

　　岳元声慷慨激昂："你写，马上写，以我为首，是打是罚听天由命。"

　　王锡爵感觉自己是秀才遇见兵有理说不清，唯唯称是。

　　吵架历来解决不了任何问题，这次也不例外。

　　面对朝廷上下一片谴责之声，内阁首辅大学士王锡爵空前孤立。这时庶吉士李腾芳来劝劝解他，李腾芳的这一番话入情入理，透彻明白。简直可以当做历代宰相在立太子问题上的标准答案。

　　李腾芳先从大局说起：历来太子之位是国家根本，宰相不得不言不得不争，但所争所言，必须出于公心发于当众，使天下共见共闻。一旦出现秘密讨论的情况，便有操纵的嫌疑，很容易被将来的太子怀疑，也容易成为政敌攻击的目标。

　　他接着说，所谓先三王并封，然后再立太子的意见，虽然是王锡爵的苦心，但群臣并不了解。而现在来看，将来可能立为太子的就是皇长子和皇三子两人。如果立皇长子，这是不成文的规矩，他应该被立为太子。皇长子必定认为王锡爵作为内阁首辅，却不能力争。如果立皇三子，对王锡爵更为不利，因为这个三王并封的主意还是为了阻止皇三子被立为太子。

这一下，王锡爵如梦初醒，后悔不已。

第二天内阁首辅大学士王锡爵上书自我批评，并请改前议，明神宗不答应。

下一个月，王锡爵再上书请立太子，明神宗依然拒绝。

一年之中，王锡爵为此事前后五次上书。

到了冬天，王锡爵第六次请求立太子。

明神宗朱翊钧不置可否，但表示明年可以让皇长子读书，不久又改口说皇长子和皇三子年龄相似，应该可以一起读书。

王锡爵说："皇长子明年13岁，皇三子明年9岁，以前的惯例是皇子10岁开始读书，以皇长子之太迟，皇三子之太早。"

12月，王锡爵请求为皇长子举行加冠礼，也就是为皇长子举办一个仪式，为他换上成人的衣帽，表示已经成年了。

明神宗朱翊钧说：太子和亲王的衣服不同，帽子却是一样的，举办加冠礼的时候不好确定衣冠，还是暂时穿常服吧。"

第二年的2月，13岁的皇长子朱常洛终于获准"出阁讲学"，但与之相关的名分一概未定，明神宗朱翊钧特别说明由于没有册立，所以免侍卫仪仗。

北京的冬天是很冷的，皇长子衣着单薄，上课的时候被冻得瑟瑟发抖，太监们却在旁边密室围炉烤火。讲官郭正域气愤不已，大声呵斥"天寒如此，皇长子身份尊贵，若中寒得病，岂成体统！"太监们这才把炉子抬出来给皇长子用。

　　皇长子朱常洛用的讲案是他小时候用的，非常矮，一直用了七八年，不敢要求更换。

　　眼看皇长子朱常洛开始读书，郑贵妃妒火中烧。这个自私的女人本来不善于动脑子，这次居然很努力地想出一个主意来了，她对明神宗说"皇长子整天与宫女嬉戏，早已不是童男了"。明神宗朱翊钧立刻派人到王氏和儿子居住的景阳宫，查找证据，来核定郑贵妃的指控。恭妃王氏被气得全身发抖，她说："13年来，我一直和这个孩子同居一宫，片刻也不敢离开他，就是怕有人诬陷，没想到真有这一天！"。

　　查无实据，皇长子过了这一关。

　　郑贵妃的这次诬陷真是很坏很恶毒，但确实很傻很胡来，算是给中国阴谋史设定了一个下限。

　　此后几年，为了册立太子、婚礼等有关确定皇长子身份的问题，大臣们一再上书。明神宗虽然也承认长幼有序、有嫡立嫡，无嫡立长，但是他就是没有实际行动。

　　王皇后已经失宠，本来就小病不断、心情压抑。已经知道自己不可能再得到皇帝的宠幸，也不可能再生孩子了。就把一部分感情转移到皇长子身上，对这个孩子多加维护。

　　而今眼看这边皇长子朱常洛一日比一日大了，立太子的日子遥遥无期。那边郑贵妃的小动作不断，自己却有心无力，没法干涉。她的脾气越来越乖戾，就经常责打宫女太监。

　　明神宗朱翊钧知道以后，对王皇后进行惩罚，降低了她的侍从人数。

　　这个消息立刻被传出去了，传播的途径是这个样子的：明神宗处罚皇后→太监知道了这件事→皇长子的讲官中允黄辉课余时间和太监聊天，获得此消息→黄辉告诉工科都给事中王德完。

工科都给事中就是言官，他们获得消息的途径由此可见一斑，如果当时有摄像头的话，言官们会毫不犹豫地装满皇宫的各个角落。

工科都给事中王德完立刻上书朝廷，说："在路上听到别人说，现在照顾皇后的只有几个人，皇后心情不好导致生病了，臣听说以后很惊讶很疑惑。本来宫禁严秘，这件事是真是假无从得知。臣就是再笨，也知道不会有这种事情发生。但臣身为言官，风闻言事是臣的工作。皇后母仪天下，如果皇后因为和陛下关系不好，从而得病了。臣就像孩子听说父母吵架那样，要一边哭一边规劝陛下。如果陛下对皇后很好，这个谣言不是事实的话，臣对于这种诽谤君父的话，一定要辨别清楚，向世人说明。臣考虑来考虑去，都不应该保持沉默，所以斗胆直言，实话实说。"

明神宗一看这份大作，龙颜震怒，把王德完下狱拷打。尚书李载、御史周盘上书，请示赦免王德完，被明神宗痛骂。

内阁次辅沈一贯秘密上书，为王德完开脱。

明神宗解释说："皇后是圣母太后为朕选择的原配，现在与朕同处一宫，少有过失，怎么会不优待她。只是近几年来，她的脾气变坏，朕常常教训她，要她恪守妇道，她已经知道悔改了。另外，她也并没有生病。"

皇帝解释完毕，又将王德完痛打一百廷杖，撵回家去。

第三场　朱常洵做了福王

打了王德完，明神宗面对大臣们雪片一样的奏折，也做出让步，对皇后的态度有所改善。

信不信由你，明朝大臣的奏章就有这么大的杀伤力，他们的奏章骂出了一个新高度，骂出了一个新境界，确实是中国文学史上的一朵奇葩。明神宗被骂了这么久，没有人格分裂，真是奇迹。

比如大理寺评事雒于仁，此人前几年写过一篇奏折，痛骂明神宗朱翊钧：

文章开头说：

臣备官岁余，仅朝见陛下者三。此外惟闻圣体违和，一切传免。郊祀庙享遣官代行，政事不亲，讲筵久辍。臣知陛下之疾，所以致之者有由也。臣闻嗜酒则腐肠，恋色则伐性，贪财则丧志，尚气则戕生。……四者之病，胶绕身心，岂药石所可治？今陛下春秋鼎盛，犹经年不朝，过此以往，更当何如？……

接着：

陛下之溺此四者，不曰操生杀之权，人畏之而不敢言，则曰居邃密之地，人莫知而不能言。不知鼓钟于宫，声闻于外，幽独之中，指视所集。且保禄全躯之士可以威权惧之，若怀忠守义者，即鼎镬何避焉！臣今敢以四箴献。若陛下肯用臣言，即立诛臣身，臣虽死犹生也。惟陛下垂察。……

这道奏折说明神宗朱翊钧酒色财气俱全，全篇没有一个脏字，却字字诛心。

有鉴于此，神经高度紧张的明神宗朱翊钧又下了一道圣谕警告群臣："诸臣为皇长子耶？抑为德完耶？如为皇长子，慎无扰渎。必欲为德完，则再迟册立一岁。"

这道圣谕照例是让群臣中场休息了一下，等他们养足精神理清思路准备好奏折后，明神宗又开始了想哭但是哭不出来的日子。

有一次，明神宗朱翊钧病了，一时非常沉重。他昏昏沉沉地睡着了，又迷迷糊糊地醒来，发现自己正枕着恭妃王氏的胳膊，转过脸一看，王氏满脸泪痕，关切之情溢于言表。病人的肉体是虚弱的，感情却往往更充沛。这一刻，朱翊钧能想到的最浪漫的事，就是和她一起慢慢变老。

又有一次，明神宗和几位皇子饮宴，诸皇子每人送给父皇一件小礼物。皇长子朱常洛送的是一只玉碗。明神宗交给郑贵妃保管。过了一段时间，明神宗突然要看这只玉碗，郑贵妃宫中的宫女太监怎么也找不到了。随后，明神宗提出要看皇三子朱常洵送的礼物，郑贵妃顺手就拿出来了。明神宗大发雷霆，第一次公开斥责这位爱妃。

不久，大学士沈一贯照例上书，老调重弹立太子的问题，他说："……皇上大婚及时，故得圣子早。今皇长子大礼，必备其仪，推念真情，不如早偕伉俪之为适。是上孝奉圣母，朝夕起居，不如早遂含饴弄曾孙之为乐。乞今年先皇长子大礼，明春后递与诸皇子礼。子复生子，孙复生孙，坐见本支之盛，享令名，集完福矣。"

　　念及王氏的感情，和郑氏闹别扭，加上一个人单独对抗文官体系的辛苦，明神宗的精神防线正处于崩溃的前夜，沈一贯这张感情牌出得恰到好处，果然是水到渠成。明神宗立刻批复，准备册立皇长子朱常洵为太子。这个消息让群臣欢欣鼓舞，奔走相告，很是激动了几天。

　　但时间过了两个月，明神宗的情伤痊愈，他又有了新的想法。和别的拖延症患者一样，明神宗心里很明白拖是拖不过去的。但他就是不想让事情开始，好让自己在两件事中间全身心的休息。于是，他说：由于准备不足，希望能改期册立太子。

　　大学士沈一贯眼看胜利就在眼前，只差一步却要功亏一篑。动用内阁的权力，封还皇帝手诏，没有下发执行，并上书皇帝，强烈反对改期。

　　明神宗终于在10月15日正式将皇长子朱常洛册封为太子，这一年是公元1601年。绵延近二十年的"争国本"尘埃落地。

　　但明神宗心有不甘，册立太子的当日，他同时封四位皇子为王，其中皇三子朱常洵封福王、朱常浩封瑞王、朱常润封惠王、朱常瀛封桂王。

　　不久，太子朱常洛和福王朱常洵、瑞王朱常浩同时行成年的"冠礼"。

　　第二年的2月，明神宗朱翊钧为太子朱常洛举办了婚礼，册立郭氏为皇太子妃。不久，太子妃郭氏生下一女，但不幸夭折。

　　四年后，王才人为朱常洛生下一子，这就是明神宗的长孙朱由校，朱由校的奶奶恭妃王氏进封皇贵妃。

　　虽然太子朱常洛和福王朱常洵名分已定，但明神宗的偏袒还是无处不在的。

公元1603年，福王朱常洵18岁了，明神宗朱翊钧开始敲打每一个管钱的官员，从每一个衙门挤出钱来，准备福王的婚事。最终，这场大操大办的婚礼前后花费了创记录的三十万两白银，真是把银子花得淌海水似的。

而明神宗本人的婚礼花费白银七万两，明神宗和王皇后所生的嫡长公主荣昌公主的婚礼花费白银十二万两，太子朱常洛的婚礼花费十多万两白银。

朱常洵作为藩王，他的封地在河南洛阳。按照明朝的规矩，福王成婚以后，应该立即动身前往洛阳就藩。并且一旦就藩，就永远不能回到北京，甚至不能离开洛阳城。

于是，明神宗不让福王离开北京，营建洛阳福王府的事情也一拖再拖。

到了三年以后，明神宗才下圣旨，开始营建洛阳福王府。

一般来说，这种天子特别关注的重点工程都会提前完工，讨皇帝的欢心。

但福王府是个例外，这项花费了二十八万两白银的大工程，前后历时六年，才得以完成。

王府修好以后，福王仍然没有离开北京。

相比前朝，明朝藩王权力非常有限，有爵位却不能管理百姓，享受俸禄却不能处理事务。但是待遇优厚，除了每年给予优厚的俸禄以外，还会被赐予土地作为"王庄"。

福王朱常洵向明神宗提出要求："王庄"四万顷。

明朝初年分封了二十四个藩王，没有哪一位藩王的"王庄"超过一万顷。福王要求的"王庄"面积如此巨大，遭到群臣反对。经过群臣与明神宗的一番论战，将这个数字降到两万顷，但是这缩减了一半的土地仍然大得惊人，以致河南一省都无法满足这个要求，最后由河南、湖广和山东三省分摊。

大臣们很担心福王朱常洵会威胁到太子朱常洛的地位，频频上书，催促福王马上就藩。

这样又拖了两年，直到公元1614年的春天，29岁的福王朱常洛终于要离开北京，去洛阳王府生活了。

临行前，福王朱常洵向太子辞行。按照规矩，太子坐着接受藩王四拜。这次福王受到特别优待，太子朱常洛起立辞谢，只受了两拜，又拉着福王的手把他送到宫门。太子的礼让和风度让明神宗又惊又喜。

福王朱常洵到底是明神宗最心爱的儿子。临别的时刻，明神宗这位被悲痛揉搓到失去理智的父亲，他的感情和那首歌一样："我要越过高山，寻找那已失踪的太阳，寻找那已失踪的月亮。我要越过海洋，寻找那已失踪的彩虹，抓住瞬间失踪的流星。我要飞到无尽的夜空，摘颗星星作你的玩具。我要亲手触摸那月亮，还在上面写你的名字。"

明神宗先是甚至违反宣德年间以来禁止藩王入京的规矩，允许福王三年一朝。

而后又赏赐给福王不计其数的玩具，包括：

第一，籍没前首辅张居正的财业，尚存官的拨归福王府。

第二，从扬州到安徽太平，沿江各种杂税拨归福王府。

第三，四川盐井的一部分收益划归福王府。

第四，淮盐一千三百引。

第五，明神宗已多年不上朝，连内阁成员要见神宗一面都非常难，甚至有人在内阁工作了3年，从来没见过皇帝。而福王留京的王府官员，持有出入宫门的通行证，每天都可以见到明神宗。

公元1614年3月24日，福王朱常洵上路了，明神宗派出一支船队，载着王府上下一千多人和大量财宝，派遣一千多士兵护卫，从通州运河出发，浩浩荡荡向洛阳进发。

福王就藩以后，立刻派出王府官员丈量"王庄"，随即逼迫佃户缴纳地租。而明朝政府规定，这些地租应该有地方官员代收，而后再按具体定额返还给藩王。地方官员自然对福王不满，他们出面抵制福王府私收地租的行为。结果，明神宗立刻就知道此事，他斥责了这些坚守明朝制度的官员，支持了违法的福王朱常洵。

不管付出了多大代价，福王总算是离开北京了。大臣们都松了一口气，认为太子的地位这下可以稳定了，明朝的将来也算是有了希望。

但是，就在福王离京一年以后，太子出事了。

这件事发生在公元1615年5月4日，有名男子手持枣木棍，进入皇城的东华门，打伤守门的太监李鉴，冲进太子居住的慈庆宫，一路奔到前殿檐下，才被韩本用等几位太监抓住，然后交给东华门守卫指挥朱雄看管。

这件案子非常古怪，皇城是天子禁地，大门有护卫，就是有宫内人出入都要经过检查。这次有外人进入竟然毫无察觉。而慈庆宫有三道门，第一道门是徽音门；进去以后是一个大院子，院子左右各有一门，右门通往御马监和御用监库，左门通往掌印秉笔太监的值房，这里也有人把守，也有人来往办事，竟然也没有人察觉；第二道门是麟趾门；第三门是慈庆门；进了慈庆门才是慈庆宫。这名男子手持枣木棍，竟然一路闯过四道宫门，畅通无阻，直到进入慈庆宫才被捉住。

第二天，太子朱常洛报告了明神宗，皇帝命令交法司衙门审问。

当天初审以后，巡视皇城御史刘廷元报告说，此人名叫张差，蓟州井儿峪人，语言颠倒，形似疯狂。经他再三拷讯后，该犯支支吾吾地供出"吃斋讨封"之类的话。语无伦次，逻辑混乱。据刘廷元推断，该犯的行为好像是疯子，但该犯的外表看起来很狡猾。具体情由还不好推测，需要继续仔细审问。

5月10日，刑部郎中胡士相、岳骏声等再审张差。张差说自己家中的柴草被李自强和李万仓两人放火烧毁，非常气愤，四月时进京来告状申冤。进了皇宫的东华门，由于不认得路，径直往西走，路上遇到两名男子。这两人骗他说："你没有凭据怎么进得去，你拿一根棒子，便可当作冤状。"张差"日夜气忿，失志颠狂"，便在5月4日，手拿一根枣木棍进城，从东华门直冲到慈庆宫门口，打伤了守门官，跑到前殿后被擒。胡士相，岳骏声建议：按照在宫殿前射箭放弹投砖伤人的有关法律进行处理，判张差"斩立决"。

奏折写好之后，还没等递交给明神宗，案情突然有了重大变化。

第四场　朱常洛莫名其妙的30天

　　张差被囚禁在刑部监狱，监狱的直属长官是刑部主事王之寀，他上了一道奏疏，报告了最新发现。据他说，5月11日，王之寀在给犯人送饭的时候进入监狱，最后一个把饭送到张差跟前。

　　刑部主事王之寀见那张差长得年轻力壮，怎么看也不像是个疯子。就对张差说："你说实话给你饭吃，不说实话就饿死你。"王主事然后把饭递到他的面前，犯人先是低头不语，过了一会儿说："不敢说。"王之寀挥手让书吏离开，只留下两名狱卒，张差这才说道："小人小名叫张五儿，父亲叫张义，已经病故。马三舅和李外父两人让我跟一位不认识的太监去办事，说是'事成之后给你几亩地种'。太监骑马，小人走路，初三在燕角铺住店歇息，初四到了北京。"

　　王之寀追问："到了北京是何人收留你的？"

　　张差说："我到了一个大宅子，不知道是在哪条街上。有一个太监给我饭吃，对我说：'你先冲一遭，撞着一个，打杀一个，打杀了我们能救你。'说罢递给我一根枣木棍，领着我从厚载门进到慈宁宫门上，守门的拦我，我把他打翻在地，后来太监多了，我便被绑起来。小爷福大呀！"王之寀知道老百姓都把皇城北面的地安门叫做厚载门，而小爷就是指太子朱常洛。

王之寀继续盘问，张差供述："有柏木棍、琉璃棍，好多棍，好多人。"

王之寀越听越吃惊，他逼迫张差说出有关人等的姓名，但张差至死不招。

王之寀在报告中最后说："臣看此犯不颠不狂，有心有胆，惧之以刑罚不招，要之以神明不招，啜之以饮食，始欲默欲语，中多疑似。"随后又建议："愿皇上缚凶犯于文华殿前朝审，或敕九卿科道三法司会问，则其情立见矣。"

刑部主事王之寀这道奏疏一上，朝中大臣得知消息，无不惊骇，一时议论纷纷。户部郎中陆大受认为"青宫何地？男子何人？而横肆手棍，几惊储跸。此乾坤何等时邪？北人好利轻生，有金钱以结其心，则轻为人死。至大奸之奔走死士也，或出其技之庸庸者，姑试之于死地以探其机；而后继之以骁桀，用其死力于忽不经意之处，有臣子所不忍言者。"他认为这是有人计划行刺太子，这次是找张差来试探一下虚实。

内阁命蓟州地方官员调查张差的来龙去脉。不久，蓟州知州戚延龄报告了调查结果，说是郑贵妃在蓟州修建了一座铁瓦寺，派太监烧置陶甓，有许多当地居民趁机卖柴草赚钱。张差见有利可图，便卖掉了土地，用这笔钱买了些柴草，准备卖柴草获利。没想到有人一把火烧光了张差的柴草。张差不胜愤恨，便拿着根枣木棍子上京告御状。

给事中何士晋上书："顷者，张差持挺突入慈庆宫，事关宗社安危，皇上宜何如震怒，三事大臣宜何如计安。乃旬日以来，似犹泄泄，岂刑部主事王之寀一疏，果无故而发大难之端邪？虽事涉宫闱，百宜慎重。然谋未成，机未露，犹可从容曲处。今形见势逼，业已至此，所谓乱臣贼子，人人得而诛之。明主可与忠言，此事宁无结局？"想要推到案件的处理进度。

但明神宗不表态，内阁上书催促，明神宗发出上谕，说："突有风颠奸徒张差持挺闯入青宫，震惊皇太子，致朕惊惧，身心不安。朕思太子乃国根本，岂不深爱。已传内宫添人守门关防，不时卫护，连日览卿等所奏，奸究叵测，行径隐微，既有主使之人，即着三法司会同拟罪具奏。"

5月21日，刑部十三司郎中集体上阵再审张差，参加审讯还有王之寀等几位司官，一共18位官员。这一次张差供称："马三舅名三道，李外父名守才，同在井儿峪居住。又有姐夫孔道住本州岛岛城内。不知姓名老公，乃修铁瓦殿之庞保。不知街道大宅子，乃住朝外大宅之刘成。三舅、外父常往庞保处送灰，庞、刘在玉皇殿商量，和我三舅、外父逼着我来，说打上宫中，撞一个打一个，打小爷，吃也有，着也有。刘成跟我来，领进去，又说：'你打了，我救得你。'"

又供出"三舅送红票，封我为真人"等供词。

这些刑部官员都是京官，知道庞保、刘成都是郑贵妃的执事太监。再想起去年才刚刚结束的争国本，立刻就怀疑是郑贵妃或者是她的哥哥郑国泰在背后主谋。

随后，刑部一面派人到蓟州提解供出来的马三道等人，一面向上报告，请求法司提审庞保、刘成。

这时朝廷上下同声指责郑国泰，他非常恐慌，写了一篇自辩的文书。给事中何士晋上书，矛头直指郑国泰："张差之口供未具，刑曹之勘疏未成，国泰岂不能从容少待辄尔具揭张皇，人遂不能无疑。若欲释疑，计唯明告宫中，力求皇上速将张差所供庞保、刘成立送法司拷讯；如供有国泰主谋，是大逆罪人，臣等执法讨贼，不但宫中不能庇，即皇上亦不能庇。"要求一查到底。

他又说："设与国泰无干，臣请与国泰约，命国泰自具一疏，告之皇上，嗣后凡皇太子、皇长孙一切起居，俱系郑国泰保护，稍有疏虞，即便坐罪，则人心帖服，永无他言。若今日畏各犯招举，一唯荧惑圣聪，久稽廷讯，或潜散党羽，使远遁，或阴毙张差使口灭，则疑复生疑，将成实事，唯有审处以消后祸。"何士晋提出：只要郑国泰能负责太子一家的安全，不妨大事化小小事化了。

明神宗对何士晋的意见照样置之不理，但他知道如果继续追查下去，不止郑国泰，连郑贵妃也难逃干系。于是，明神宗让郑贵妃赶快解决这个问题。郑贵妃万般无奈，向太子朱常洛提出请求，请他尽快平息此事。

明神宗也亲自出面，在多年之后第一次召见百官，并且让太子和三名皇孙一起到场。

明神宗对群臣说："朕自圣母升遐，哀痛无已。今春以来，足膝无力；然每遇节次朔望忌辰，必身到慈宁宫圣母座前行礼，不敢懈怠。昨忽有疯癫张差，闯入东宫伤人，外廷有许多闲说。尔等谁无父子乃欲离间我耶适见刑部郎中赵会桢所问招情，止将本内有名人犯张差、庞保、刘成即时凌迟处死。其余不许波及无辜一人，以伤天和，以惊圣母神灵。"说去年李太后病逝后，自己非常悲痛。现在梃击一案外界有很多传言，都是在离间我们父子。为了不惊扰太后的神灵，立刻把张差、庞保、刘成即时凌迟处死，立刻结案。

接着，明神宗朱翊钧拉着太子朱常洵的手，说太子很孝顺，他极爱惜。又说，太子已经这么大了，如果朕有别意，当时何不另立太子？到现在大家不必怀疑什么了，而且福王在数千里外，倘非宣召，他不能进京。

随后，明神宗又让太子的三个儿子上前来，让群臣仔细看看，并且说："朕诸孙俱已长成，更有何说。"然后对太子说："你还有什么话，不必隐瞒，对群臣说说吧。"

太子说："似此疯癫之人，杀了之后就算是了解此事了，不必株连。"又说："我父子感情很好，朝廷有许多议论，说这些话的都是无君之臣，使我成了不孝之子。"明神宗对群臣说："你们都听见太子的话了吧？"然后又把太子的意思重复了几遍。

由于明神宗已25年没有上过朝了，也没有出过皇宫，所以大臣们毫无准备，接到通知，匆匆赶来，有些人迟到了，跪在宫外等候。

明神宗转过头去对太监下令，让刚刚赶来的官员都进来。这些官员进来以后连忙跪拜，一时场面有些混乱。明神宗又拉着太子走上几步，对这些刚来的官员大声说："你们都看见了吧？"群臣再次跪拜，明神宗下令散会。

第三天，张差被凌迟处死。据刑部主事王之寀几年以后透露："张差以首抢地，谓同谋做事，事败独死。"

又过了几天，明神宗命司礼监和九卿三法司一起在皇宫内的文华门审问庞保、刘成，因为张差已死，死无对证，刘、庞二人不肯招供。因为是在皇宫内审案，也不便用刑，没有审出个结果。

这时，太子派人传谕，为庞保、刘成两人开脱。他说："张差持棍闯宫，至大殿檐下，当时就擒，并无别物，其情实系疯癫，误入宫闱，打倒内侍，罪所不赦。后招出庞保、刘成，本宫反复参详，保、成身系内宫，虽欲谋害本宫，于保、成何益此必保、成素曾凌虐于差，故肆行报复之谋，诬以主使。本宫念人命至重，造逆大事，何可轻信连日奏求父皇，速决张差，以安人心，其诬举庞保、刘成，若一概治罪，恐伤天和，况姓名不同，当以雠诬干连，从轻拟罪，奏请定夺，则刑狱平，本宫阴骘亦全矣。"所谓"况姓名不同"一句纯属借口，因为庞保原名郑进，刘成原名刘登云，这两人是多年前改的名字，张差的招供自然不会提起了。这次会审因为太子的意见，也就不了了之，这两人随后在宫内被处死。

而此案中马三道、李守才等人，刑部判定其处罚为充军，"梃击案"到此结束。

两年之后，一直要求继续追查此案的刑部主事王之寀被言官弹劾，削职为民。

此后几年，朝廷上下还算是风平浪静。

公元1620年4月，王皇后病逝，谥号为"孝端贞恪庄惠仁明媲天毓圣显皇后"。

7月21日，当了48年皇帝，30年不上朝的明神宗朱翊钧驾崩于弘德殿，谥号为"范天合道哲肃敦简光文章武安仁止孝显皇帝"。

明神宗留下遗诏，命令册封皇长孙朱由校为皇太孙，可以出阁读书。又留下遗命，要封皇贵妃郑氏为皇后。

8月初，太子朱常洛继皇帝位，这就是明光宗。

按规定，乾清宫是皇帝的寝宫。先皇驾崩以后，他的后妃必须立即搬出乾清宫，但郑贵妃却迟迟不肯搬出。

8月10日，郑贵妃为了和明光宗搞好关系，献给朱常洛一批珠宝和八位美女。

明光宗朱常洛在东宫寂寞了几十年，也谨慎了几十年，一旦登临帝位，成为天子，几十年的包袱烟消云散，放松到一塌糊涂的地步。

美人入宫的第一夜，明光宗"连幸数人，圣容顿减。"

明光宗龙体欠安，但心情不错，命礼部加封郑贵妃为皇太后，经礼部侍郎孙如游等官员坚决反对，此事未果。

郑贵妃得知明光宗身体不好，连忙派出司礼监秉笔兼掌御药房太监崔文升为皇帝看病。明光宗服下崔文升的药后，腹泄不止，卧床不起。他的嫔妃郭氏和王氏两家人得知此事，跑到朝中向大臣们哭泣，说郑贵妃要加害皇帝。

给事中杨涟、御史左光斗、吏部尚书周嘉谟等人去见郑贵妃的外甥郑养性，逼他劝说郑贵妃移宫。郑养性入宫恳求，郑贵妃眼见情况不妙，马上搬出乾清宫，搬到慈宁宫居住。

乾清宫让出来了，明光宗的病情却更加沉重。

8月29日，明光宗召见内阁首辅方从哲。

明光宗问方从哲："朕的寿木如何？寝地如何？"新皇帝登基才二十多天，突然问起自己的后事准备得如何了。这位首辅大臣正在困惑，还没来得及回答。

明光宗又问："听说有位鸿胪寺丞进献金丹红丸，他在何处？"

听到皇帝如此吩咐，方从哲虽然觉得金丹非常不靠谱，还是推荐了鸿胪寺丞李可灼，让他给皇帝进献红丸。

当天，明光宗吃下第一丸，觉得神清气爽，食欲大进。

次日，明光宗吃下第二丸，当夜五更暴崩于乾清宫。

明光宗的长子朱由校今年16岁。他的爷爷明神宗朱翊钧一个月前去世；他的亲奶奶恭妃王氏4年前病逝；他的另一个奶奶，也就是明神宗的王皇后五个月前病逝；他的父亲如今已经去世；他的生母王才人两年前病逝；他的嫡母，也就是当年的皇太子妃郭氏7年前病逝。

朱由校如今已是孤儿。

明光宗朱常洛即皇帝位后，他安排宠妃李选侍照顾朱由校，后来安排李选侍住在乾清宫。如今，李选侍在郑贵妃的旗帜下继续战斗，她拒绝搬出乾清宫，并且不让大臣们接近皇长子朱由校。在左光斗、杨涟和周嘉谟等几位大臣的策划下，内阁首辅方从哲与司礼监秉笔太监王安里应外合，从宫中秘密接出朱由校。随即在文华殿紧急升殿，接受群臣朝拜，朱由校即皇帝位，这就是明熹宗。

第二天，群臣簇拥着明熹宗来到乾清宫，逼迫李选侍离开乾清宫。

明熹宗朱由校登基后的第二年，下令追查父亲明光宗的死因。结果，为明光宗看病的原司礼监秉笔兼掌御药房太监崔文升被贬到南京，进贡红丸的李可灼充军。

从明神宗立朱由校为皇太孙，他开始出阁读书，到即皇帝位，朱由校前后只上了一个月的学，在他的后半生里，专职做木工活娱乐自己，业余时间坐一坐皇位。

明神宗朱翊钧立太子一事，前后拖延了近20年。

以明神宗朱翊钧的角度来看，他爱着郑贵妃，也宠爱他和郑贵妃的孩子朱常洛。他希望能把自己的皇位传给这个心爱的孩子，但大臣们凭借"有嫡立嫡，无嫡立长"的原则，前赴后继地进行斗争。为这件事先后有四位内阁首辅大臣下台，三百多人受到处罚，有人被降职，有人被充军，有人被罚了工资，有人被打廷杖。

明神宗如果不顾群臣反对，坚持立朱常洛为太子，朝廷立刻就会陷入瘫痪。后来，他疲惫了，屈服了，立皇长子朱常洵为太子。

就一个父亲来说，既然不能给心爱的孩子自己最好的东西，就要给他第二好的。明神宗就是这么想的，也是这么做的。明神宗无视国家制度的存在，赏赐给福王朱常洵他所能给予的一切财物。

以明光宗朱常洛和福王朱常洵的角度来看，他们一出生就被裹挟进了夺嫡之争，这一生都在这场斗争中浮浮沉沉。

所谓"争国本"的胜利和朱常洛无关，他一辈子都在提防，都在警惕，身心都裹着厚厚的保护层，一言一行都身不由己。结果，有一天所有的威胁都消失了，他的精神生活也随之被打乱了节奏，整个人立刻进入失重状态。朱常洛全身心地娱乐了一个月，就送了自己的命。

而福王朱常洵从出生的那一天开始，就成了一个被惯坏的孩子。除了皇位，他几乎得到了一切。除了任性，他什么也没学会，甚至没学会如何保护自己。朱常洵在河南洛阳的所作所为，让河南一省的经济都深受其害，地方财政接近崩溃，农民更是苦不堪言。

到了1640年，又经旱灾蝗灾，贫苦农民纷纷揭竿而起。第二年，李自成义军初进河南时，兵力相当有限，大约不到一千人。与河南当地义军联合后迅速集合数万人马。

南京兵部尚书吕维祺给福王朱常洵写信，说官府已经没有钱粮解决官兵粮饷，试图说服福王为自己的身家性命着想，拿出钱来安抚士兵，保卫洛阳。福王朱常洵根本听不进去。等李自成义军开始进攻洛阳北门时，守城官军公然在路上大骂："王府金钱百万，餍粱肉，而令吾辈枵腹死贼乎？"在城头哗变，迎接义军进城，福王朱常洵被活捉。

李自成怒斥福王："汝为亲王，富甲天下。当如此饥荒，不肯发分毫帑藏赈济百姓，汝奴才也。"命左右打他四十大板，然后枭首示众。随后没收了福王府中的财物，赈济饥民。"远近饥民荷旗而往应之者如流水，日夜不绝。一呼百万，而其势燎原不可扑。自是而后，所过无坚城，所遇无劲敌，诸将皆望风走。"

三年之后，明朝灭亡。

第九幕

清太子：神秘的结局

【清圣祖　太子之不完全档案】

朝代： 清

皇帝： 清圣祖　爱新觉罗·玄烨

皇长子胤禔： 贝子，生母惠妃那拉氏

皇次子胤礽： 太子，生母皇后赫舍里氏

皇三子胤祉： 诚隐郡王，生母荣妃马佳氏

皇四子胤禛： 雍亲王，生母德妃乌雅氏

皇八子胤禩： 廉亲王，生母良妃卫氏

皇十三子胤祥： 怡贤亲王，生母皇贵妃章佳氏

皇十四子胤禵： 恂勤郡王，原名胤祯，生母德妃乌雅氏

其他皇子： 皇五子胤祺：恒温亲王　皇六子胤祚：6岁天折　皇七子胤祐：淳度亲王　皇九子胤禟　皇十子胤䄉：辅国公　皇十一子胤禌：11岁天折　皇十二子胤祹：履懿亲王　皇十五子胤禑：愉郡王　皇十六子胤禄：庄亲王　皇十七子胤礼：果毅亲王　皇十八子胤祄：8岁天折　皇十九子胤禝：3岁天折　皇二十子胤祎：简靖贝勒　皇二十一子胤禧：慎靖郡王　皇二十二子胤祜：恭勤贝勒　皇二十三子胤祁：郡王品级诚贝勒　皇二十四子胤秘：諴恪亲王

斗争： 两废太子

继位者： 清世宗 爱新觉罗·胤禛

第一场　康熙的问题就是儿子太多

这是清世祖顺治即位的第十一个年头，清兵入关之后的第十个年头。

公元1654年5月4日，玄烨出生于北京皇城的景仁宫，他是顺治帝的第三个儿子，母亲佟佳氏。

顺治帝共有八个儿子，包括皇长子牛钮在内，先后有两个夭折了。到24岁的顺治帝临死前，由于孩子们都很小，主要有两位皇子来供他选择，这就是皇二子福全和皇三子玄烨。

清朝的皇族是原来世代居住在东北山林里的满洲人，他们进山海关，来到北京以后，由于气候和环境的改变，非常容易感染天花。而1500年到1700年之间，正是天花疫情大爆发的年代，天花几乎占领了世界各地，有超过一半的人类在遭受天花的威胁。

虽然出过一次天花就会有终身的免疫力，但就当时的条件来看，并没有接种天花疫苗的技术。实际上直到1796年，英国医师金纳才发明了天花疫苗。所以天花成为一种在满洲人群中间非常流行、非常严重、非常致命的传染病。顺治帝也是感染了天花，一病不起的。

因此，在挑选继承人的时候，顺治帝就接受传教士汤若望的建议，选择已经出过天花的皇子。

而在这以前，顺治帝也曾经有过一次小小的考察。

皇二子福全、皇三子玄烨和皇五子常宁一起来请安，顺治帝问："你们长大之后有什么志向？"

皇二子福全回答说："愿为贤王。"很主流的远大理想，8岁的小孩子能这样作答，已经很难得了。

皇三子玄烨说："等我长大了就学习父亲，努力工作。"很脚踏实地的回答，也很不错。

皇五子常宁刚刚3岁，只会跟着哥哥们磕头请安，不能回答这么高深的问题。

顺治最终选择了四年前出过天花的玄烨。

公元1661年的春节刚过，正月初二，顺治帝感染天花，病危。

他马上召集大学士麻勒吉、学士王熙起草遗诏，立皇三子玄烨为太子，并特命内大臣索尼、苏克萨哈、遏必隆、鳌拜四大臣辅政。

正月初七，顺治帝逝于养心殿。

正月初九，8岁的玄烨即皇帝位，这就是清圣祖，定年号为康熙。

公元1667年，康熙帝在太和殿举行正式登基仪式。

公元1668年，康熙帝逮捕了顾命大臣鳌拜，夺回朝廷大权，开始亲政。

公元1673年，清初在南方分封的三个藩王已有了20年的历史，其中平西王吴三桂驻云南，平南王尚可喜驻广东，靖南王耿精忠驻福建，三藩王府每年仅军费开支就需要白银2000多万两，也早已不能被当地官府所辖制。既给清政府带来了经济负担，也越来越威胁到清朝的稳定。

这年3月，平南王尚可喜请求退休，由其子尚之信承袭王位。康熙帝抓住这个机会，同意尚可喜的退休请求，但不允许其子继承王位，同时命令尚可喜将所属兵士全部裁撤。

这道圣旨一下，三藩不安。平西王吴三桂和靖南王耿精忠也申请撤藩，以试探朝廷的态度。

一石激起千层浪，群臣大都忌惮三藩的兵力，自动插上和平鸽的翅膀，纷纷表示要拒绝撤藩的申请。只有户部尚书米思翰、兵部尚书明珠和刑部尚书莫洛等少数鹰派态度强硬，主张撤藩。

20岁康熙帝年轻气盛，他认为：三藩手握重兵，已成朝廷心腹之患。他先发制人将计就计，同意吴三桂和耿精忠的申请，明令撤藩。

吴三桂眼看自己二十年的基业就要被一张圣旨扒个干干净净，于是杀掉云南巡抚朱国治发动叛乱。但只有反对撤藩这个理由显然太自私了，没有影响力。为了建立更广泛的反清斗争统一战线，吴三桂自称"天下都招讨兵马大元帅"，发出檄文痛骂清政府霸占明朝领土，是"窃我先朝神器，变我中国冠裳"，声称自己要反清复明，要"共举大明之文物，悉还中夏之乾坤"。然后下令，开始蓄发，不再留清朝政府官方规定的辫子发型。并更换回明朝时的衣服。

虽然，前明山海关总兵吴三桂引清兵入关在先，杀死南明流亡政府的桂王朱由榔在后。早已是人们眼中的明朝叛贼，这个反清复明的政治口号毫无影响力，但吴三桂不愧是一名老资格的军事统帅，他率军由云贵出发，直扑湖南，而后分兵西进，占领四川。一举占据云南、贵州、湖南、四川四省。

同时，清政府在中原的统治才22年，立足未稳。吴三桂这一根棍子搅了一下，立刻就有人趁机起兵，要浑水摸鱼。这些人里有福建的靖南王耿精忠，广东的平南王尚之信，广西的将军孙延龄，陕西的提督王辅臣，湖北襄阳的总兵杨来嘉，河南彰德的总兵蔡禄。一直在台湾、厦门、金门割据的明延平郡王郑经也起兵渡海，进军福建漳州、泉州和广东潮州。

从西南到东南，从中原到西北，有十几个省进入战争状态。

虽然局势恶化之快超出了康熙帝的反应，但面对危机，这位年轻的天子却表现出不符合年龄的冷静，也表现出不符合经验的战略天才。

他首先确定吴三桂为主要攻击目标，下令剥夺吴三桂的王爵，杀死吴三桂在北京的长子吴应熊和孙子吴世霖。明确指示一定要消灭吴三桂叛军。

而后宣布暂时停撤靖南王和平南王两个藩王，同时下旨其他叛军如果投降，既往不咎。以孤立吴三桂军。

而反观吴三桂，他的战术虽然很快很有效，但战略格局太小，占据云南、贵州、湖南、四川四省之后，就按兵不动，想维持割据一方的局面。

康熙帝选择湖南作为突破口，两路夹击吴三桂军的主力。他首先命勒尔锦率军进驻荆州、武昌，正面抵住吴三桂军，并寻机进攻湖南。而后又命岳乐从江西进攻湖南长沙。

康熙帝将清军次要兵力部署在左翼的浙江、江西、福建一线，右翼的陕西、甘肃、四川一线。在这两处战场，指挥清军相互配合，分割包围，主要防止几处叛军形成合力。

几位趁乱捉鱼的已经跳下了水，弄了一身泥，但眼睁睁看着浑水变成清水，顿时没了主意，无心进兵，只图自保。

公元1676年，陕西提督王辅臣投降，清军收复陕西，西北清军随即南下。不久，耿精忠归附清廷，清军收复福建。尚之信随后降服，广东平定。

吴三桂军主力被包围在湖南省内，进不能进，退无可退。

公元1678年，67岁的吴三桂为了鼓舞士气，抛弃了反清复明的旗号，干脆自立门户。他三月在湖南衡州称帝，立国号为周，建元昭武，大封众将，奖励士卒。

但是在包围圈中，金钱所能激发的战斗力十分有限。吴三桂眼看败局已定，心情郁闷，继而得病，8月病死。

吴三桂手下众将拥立其孙吴世璠即帝位，改元洪化，退守贵阳。

清军乘势全面进攻，公元1679年，收复湖南、广西。公元1680年，清军收复四川。

1681年正月，清军收复贵州。

清军彰泰部由湖南出兵，赖塔部由广西出兵，赵良栋部由四川进兵，三路夹击云南吴军。10月，吴世璠在云南昆明服毒自杀。

历时八年的三藩之乱结束。

同年，1681年，台湾的明延平郡王郑经去世，郑家内讧，诸子争位。

福建总督姚启圣上书建议乘胜收复台湾，康熙接受大学士明珠的意见，决定先行招抚台湾郑氏，若招抚不成再用武力。

努力了两年，郑氏拒绝清政府的条件。康熙帝接受大学士李光地的建议，派福建水师提督施琅收复台湾。

公元1683年7月8日，施琅率领2万水军，乘大小战船500余艘，从福建铜山出发，进攻澎湖列岛。

由于台湾本岛地域狭窄，一旦开战，很难组织起有效的防御体系，因此澎湖列岛成为台湾重点防守的外围要塞，岛上建有高墙深沟20余里，炮城14座，驻扎有明军主力。

7月9日，清军水师到达澎湖八罩岛。

从10日起，清军开始对澎湖列岛发起攻击，"炮火矢石交攻，有如雨点，烟焰蔽天，咫尺莫辨。"清军焚毁、击沉和俘获大小船只近200艘，明军仅余小船31艘逃回台湾。

施琅获胜后并不急于进攻台湾岛，而是建议朝廷招抚郑氏。

8月13日，清军水师到达台湾。

9月17日，明延平郡王郑克塽投降。

收复台湾以后，许多清朝大臣根据历来以农业为主的惯性思维，认为台湾不适宜种植粮食，"日费天府金钱于无益，不若徙其人而空其地"。

具有多年海战经验的施琅则力排众议，他指出台湾"乃江、浙、闽、粤四省之左护。台湾一地，虽属外岛，实关四省之要害。弃之必酿成大祸，留之诚永固边围"。并特别说明"红毛无时不在涎贪，亦必乘隙以图"，而一旦放弃台湾，"沿海诸省断难晏然无虞"。

康熙帝根据施琅的建议，在公元1684年设立台湾府，隶属福建省，并驻兵一万驻扎。

在清朝初年，俄国开始向西伯利亚扩张，并进军黑龙江流域，建造尼布楚城（现俄罗斯联邦涅尔琴斯克）和雅克萨（现俄罗斯联邦阿尔巴津）。

公元1685年，康熙派黑龙江将军萨布素率军一万五千人围攻雅克萨，焚毁木城。清军回师以后，俄军卷土重来，重建雅克萨城。

公元1686年夏天，萨布素率领清军重新包围雅克萨，久攻不下。

俄国沙皇彼得大帝与清朝康熙帝派特使在尼布楚议和，签定中俄《尼布楚条约》，俄军撤出雅克萨，并划定了中俄边界。

《尼布楚条约》签订的第二年，俄国唆使蒙古族准噶尔部的首领噶尔丹进攻漠北蒙古。

公元1690年，40岁的康熙帝亲征漠北。经乌兰布通之战，清军大破噶尔丹以万余骆驼组成的"驼城"，噶尔丹逃回科布多。

公元1696年，康熙帝进军克鲁伦河，噶尔丹见清军人多势众，连夜撤退。噶尔丹退到昭莫多遇到康熙帝布置的埋伏，几乎被全歼，噶尔丹只带了几十名骑兵逃走。

公元1697年，康熙帝第三次率军亲征。这时候，噶尔丹已经众叛亲离，无力抵抗。他逃到科布多阿察阿穆塔台地方，暴病而死。

清政府在乌里雅苏台设立将军，统辖漠北蒙古。

后来，噶尔丹的侄子策妄阿那布坦攻占西藏。

公元1720年，康熙帝又派兵进入西藏，驱逐了策妄阿那布坦，护送达赖喇嘛六世进藏。接着，清政府在拉萨设置驻藏大臣，代表中央政府同达赖、班禅共同管理西藏。

康熙帝的战绩和政绩都很突出，算得上"一代英主"。

但他也有自己的烦恼，就是他的子女太多，尤其是儿子太多。他先后有35个儿子，其中有24个儿子活到成年。夺嫡之争前所未有的激烈。

第二场　胤禛开始是太子党

公元1674年5月3日，胤礽出生，他的母亲是康熙的皇后赫舍里氏，而她本人当天去世。皇后赫舍里氏所生的第一个儿子早夭。因此，胤礽虽名义上是嫡次子，实际上是嫡长子。

公元1675年12月13日，康熙帝以太皇太后、皇太后之命立胤礽为太子，这是清朝历史上第一次公开册立太子。册立诏书全文如下：

自古帝王继天立极、抚御寰区，必建立元储、懋隆国本，以绵宗社无疆之休。朕缵膺鸿绪、夙夜兢兢。仰惟祖宗谟烈昭垂。付托至重。承祧衍庆、端在元良。

嫡子胤　、日表英奇。天资粹美。兹恪遵太皇太后、皇太后慈命。载稽典礼。俯顺舆情。谨告天地、宗庙、社稷。

于康熙十四年十二月十三日、授胤　以册宝。立为皇太子。正位东宫、以重万年之统、以系四海之心。

胤礽不到两岁就被立为太子，成为清朝的继承人，被康熙帝寄予厚望。

太子胤礽6岁时，康熙帝挑选张英、李光地和熊赐履为胤礽的老师，学习四书五经和理学。

太子胤礽12岁时，康熙帝特召江宁巡抚汤斌以礼部尚书之位任詹事府詹事，直隶大名府兵备道耿介为少詹事，这两人也成为胤礽的老师。

康熙帝也会亲自督导胤礽读书。有一个阶段，康熙帝在每次上朝之前，要先让太子把前一天的功课背诵一遍，经他审查合格才算结束。

从小就受到重点培养的胤礽学习成绩不错，他能熟练使用满语、蒙古语和汉语官话三种语言，马术出众，能左右开弓，也能掌握一些儒家基本经典。

公元1677年，皇三子胤祉出生。

公元1678年，皇四子胤禛出生，他的母亲乌雅氏，当时是一名宫女，第二年被册封为德嫔。乌雅氏的父亲威武，时任护军参领，算是一名中级军官。母亲家并没有显赫的家世，不足以影响胤禛在康熙帝心中的地位。后来，乌雅氏又为康熙帝先后生下皇六子胤祚和皇十四子胤禵。

由于乌雅氏身份较低，按照清廷的规矩，胤禛一出生就由贵妃佟佳氏抚养。佟佳氏只有一女，年幼夭折，她对胤禛比较亲近。

公元1683年，5岁的胤禛入尚书房读书。学习四书五经，学习满语、蒙古语和汉语官话三种语言，还要接受骑射的训练。

公元1687年的一天，康熙帝率皇子们到畅春园太子胤礽的书房无逸斋。康熙帝顺手取过书案上的十余本书，交给太子胤礽的老师汤斌，对他说："汝可信手拈出，令诸皇子诵读。"

这突如其来的审查，让汤斌有点儿措不及手，他显然对太子的功课没有太大把握。因此，他打开一本书，指定胤禛来背诵。十岁的胤禛表现不错，"纯熟舒徐，声音朗朗"。

随后，这一行人到后面射箭。胤禛等几位皇子手持弓箭，气定神闲，瞄准箭靶，而后开弓放箭。有人射中三箭，有人射中四箭，成绩也算优良。这项箭术考试，以皇长子胤禔最差。

康熙帝看到皇子们的表演，小有得意，他对在场的汤斌等大臣说："朕宫中从无不读书之子，今诸皇子虽非大有学问之人所教，然俱能读书。"

清朝学者赵翼曾经对比过明清两代的皇子教育。

据他说，明朝接受皇子教育一般比较晚，甚至有十几岁才开始读书的。上课时间也非常短，老师讲不了片刻时间，就放学了。皇子们整天在后宫内，和宫女太监在一起。

而清朝皇子接受教育要早得多，功课也要更加繁重。每天一大早，天还没有亮。由苏拉太监提着灯笼引导皇子入隆宗门，进尚书房，开始了一天的功课。

除了文化学习以外，皇子还会被康熙帝带出去巡视。

平定三藩和收复台湾以后，康熙帝每年都要到塞外巡视，每次都会指定若干皇子随行。公元1686年，9岁的胤禛就和三个哥哥一起随同康熙帝出巡。

他们从北京出发，出古北口，到乌里雅苏台。

康熙帝的出巡，是以"秋狝"的名义，也就是秋天打猎的意思。

但是名为打猎，其实是借围猎的机会会见蒙古王公大臣，促进蒙古与清政府的关系。这个"秋狝"的大草原就是清朝皇帝和蒙古王公的高尔夫球场。

这些出游、巡视、打猎和会见的经历，增进了几位皇子的阅历和经验。

公元1687年12月30日，孝庄太皇太后去世，孝庄太皇太后是康熙帝的奶奶。在康熙帝少年时，是这位太皇太后一手扶持他开始亲政的。

孝庄太皇太后在弥留之际叮嘱康熙帝，清太宗皇太极多年前已葬入昭陵，自己不便打扰先帝。而且，出于对儿子顺治帝和孙子康熙帝的亲情，最好把陵寝安葬在顺治的孝陵附近。

但这个要求显然违反了夫妻合葬的传统，满洲人也从来没有给太后单独起陵的传统，这让康熙帝非常为难。他一时无法解决，决定按照清代以左为尊的习俗，在遵化的东陵"风水墙"外的大红门左侧建一座"暂安奉殿"，先将祖母梓宫停放在那里，等想到了好办法再解决这个问题。

但遗憾的是，康熙帝在他的有生之年始终没有想出好办法，孝庄太皇太后的灵柩也就没能入土为安。在康熙一朝余下三十多年的时间里，孝庄太皇太后的灵柩一直停在"暂安奉殿"。

公元1688年12月30日，康熙帝亲率皇长子胤禔、皇三子胤祉和皇四子胤禛前往遵化暂安奉殿祭祀。

公元1689年，康熙帝命皇太子胤礽带领皇四子胤禛等前往遵化暂安奉殿致祭。

公元1696年和1706年，都是皇四子胤禛奉命独自前往遵化暂安奉殿祭祀。

等几十年后，胤禛继皇帝位后，认为自孝庄太皇太后安奉在"暂安奉殿"以来，国家昌盛，天下太平，子孙繁衍。想必是孝庄太皇太后在天之灵很满意这个地方，而"暂安奉殿"也必是个风水宝地。于是将"暂安奉殿"改建成陵寝，然后将孝庄太皇太后正式葬入地宫，并命名为昭西陵。

在皇子成年以后，还要经历军事和行政的历练。

比如公元1690年，康熙帝第一次亲征漠北。任命19岁的皇长子胤禔为副将军，跟随他一起出征。

公元1693年，阙里孔庙的重修工程完工，康熙帝指定皇四子胤禛随同皇三子胤祉前往山东曲阜，到孔庙祭奠孔子。

公元1694年，康熙帝又带着皇长子胤禔巡视无定河。后来，无定河经治理和疏浚，被改名为永定河。

公元1696年，康熙帝第二次亲征漠北。胤禛跟随出征，并掌管正红旗大营。当时胤禛写有几首诗，赞扬康熙帝的战功，一首诗说："帝为生民计，狼胥阅大兵。穷荒金鼓震，朔漠旆旌明。令出山川动，威扬神鬼惊。技娴百战勇，恩重一身轻。预卜妖氛散，悬知海宇清。彼狂擒子献，蠢尔倒戈迎。遁去浑无路，争归尽布诚。鹰挃驱鸟伏，螳臂骇车行。不惮疏方远，惟期边塞平。濡毫歌懋烈，吉日愧难赓。"另一首说："指顾靖边烽，怀生尽服从。遐荒归禹甸，大漠纪尧封。庙算无遗策，神功迈昔踪。凯旋旌耀日，光景霁天容。"两篇都是应制诗的风格，没什么艺术价值，但是从对仗和韵律中，能看出他的文化学习成绩不错。

当然，这年19岁的胤禛只是随军出发，参与军事讨论，并没有指挥作战。

公元1698年，皇四子胤禛进封多罗贝勒。

公元1699年，康熙帝为诸皇子建府，皇四子胤禛的府邸在皇城东北方向，也就是现在的雍和宫。

公元1700年，康熙帝带着胤禛、皇七子胤祐、和皇十三子胤祥巡视永定河工程。路过宛平县的时候，胤禛下到工程现场，拔出一根桩木，发现其长度不符合规格，他立刻报告康熙帝。从这件事情来看，康熙帝带领皇子出巡，并没有流于形式地走一走，看一看，搞到此一游式的政治秀，还有些实践性的工作。

公元1701年，康熙帝再次带领胤禛、胤祥巡视永定河工程，这次一起去的还有太子胤礽。胤禛曾写诗纪念这次活动，他说："帝念切民生，銮舆冒暑行。绕堤翻麦浪，隔柳度莺声。万姓资疏浚，群工受准程。圣心期永定，河伯助功成。"

公元1702年，康熙来到位于山东德州的行宫，康熙帝召翰林院侍读学士陈元龙等人进入行宫。康熙帝兴之所至，亲书挥毫，写了一副大字对联。又让太监带着众人到左厢房观看胤禛和胤祥书写对联，"诸臣环立谛视，无不欢跃钦服。"顺便说一句，清朝皇族中出过两位书法家，一位是胤禛，另一位是乾隆时期的成亲王永瑆。

公元1703年正月，康熙帝带领太子胤礽、胤禛和胤祥出巡。2月，御舟渡过长江，康熙帝一行去了金山江天寺。随后路过镇江、常州和苏州，一路查看风土民情、巡查河工。

公元1704年，康熙指定钮祜禄氏为皇四子胤禛的妻子，她是追封一等承恩公凌柱之女，号称格格。

公元1711年，钮祜禄氏为胤禛生下了第四个儿子弘历。

很多皇子因为"君臣名分"已分，和太子胤礽几乎没有任何往来。有些皇子如皇长子允禔等，还多次和胤礽在骑射、文学等公开竞争。

明朝的皇子成年以后，立刻就会被送出京城，到封地就藩。然后终生圈在王府里，丝毫不通世事人情，更不了解王府以外百姓的生活。这种制度的好处是削弱了藩王叛乱的可能性。从永乐以后，明朝在两百多年中几乎没有藩王造反。偶尔有个别的冲动的王爷，比如明武宗时宁王造反，也是雷声大雨点小，朝廷弹指一挥间，叛军就灰飞烟灭了。

但这种制度的坏处也是显而易见的，明朝的王爷普遍都是吃喝玩乐都会，其他一窍不通。

　　清朝吸收了明朝的教训，没有把皇子分封到各地，而是让他们在成年后担任行政和军事上的职务。这种做法也是利弊参半，好处是清朝的皇子普遍很能干，很勤政。坏处就是每个皇子都有实权，夺嫡之争的烈度远超明代，甚至会影响朝局的稳定。

　　封建制，家天下，挑选继承人的问题始终得不到完美的解决。每次传递皇权接力棒的成本太高，几乎都会造成国家在几年甚至几十年之内不得安宁。

　　基于锻炼皇子们的意图，康熙帝对皇子们和太子之间的竞争不太在意。

　　在这些年里，胤禛是个另类，他一直公开和太子胤礽站在一起，算是个举朝皆知的太子党。

第三场　胤礽两次被废

公元1690年7月，康熙帝亲征漠北。在乌兰布通之战前夕，康熙帝率军驻扎在古鲁富尔坚嘉浑噶山。

在这里，康熙帝病了。人一病，是非常脆弱的，是非常渴望亲情的。康熙帝马上召太子胤礽和皇三子胤祉来行宫。但太子胤礽"侍疾无忧色"，似乎对康熙帝的病情漠不关心。

熟知汉文化的康熙帝想起孔子对学生子夏说的一段话，《论语·为政篇》中讲道：

子夏问孝。子曰："色难。有事，弟子服其劳；有酒食，先生馔，曾是以为孝乎。"这段话大意是说，子夏问什么是孝，孔子回答说："当父母有事的时候，子女替他们去做。有好吃好喝的，先给父母，这就认为是孝吗？其实最难的是不但要服从父母，伺候父母。子女在做这些事的同时，还要保持心悦诚服的表情，发自肺腑地孝敬父母。"

心念于此，太子的表现让康熙帝非常伤心。康熙帝随即令太子胤礽先行返回北京。这是皇帝父子感情出现的第一次裂痕。

公元1694年，不知道什么缘故，康熙帝又对太子胤礽表示出不满。当时，礼部尚书沙穆哈向康熙帝上奏祭祀奉先殿时的仪注，说准备将太子胤礽的拜褥置于槛内。康熙帝则下令把太子的拜褥设于槛外。这种事情纯属礼仪问题，貌似没有实际意义，却往往有很深刻的背景原因。就和开大会时，谁坐前排，谁坐后排一样，都有一定之规，一旦有人被换了位置，必定是他的实际职权有了变化。

礼部尚书请求康熙帝下旨在档案中记录此事。一字入公门，九牛曳不出。这件事一旦记录下来，皇帝对太子的不满就会被公开，必定会影响到太子在大臣中的地位，进而影响朝局的稳定。康熙帝立刻下令免去礼部尚书沙穆哈的官职。

公元1695年，太子胤礽大婚，康熙帝册立瓜尔佳氏为太子妃。

公元1696年，圣祖再次亲征漠北，太子留守北京，负责处理各部院的奏章，如发生重大情况，大臣议定以后，也要奏启太子。在这次监国理政期间，胤礽处理得当，基本完成任务。

公元1698年，康熙帝册封成年皇子爵位，其中皇长子胤禔封直郡王。皇三子胤祉封诚郡王。皇四子胤禛，五子胤祺和七子胤祐三人，封贝勒。受封皇子开始直接参与国家政务，太子感觉自己的权力被分掉了，和各位皇子的关系也明显恶化。

皇后赫舍里氏的亲叔叔，曾任内大臣、议政大臣、太子太傅的索额图是太子党的一号主力。康熙帝对索额图的态度，其实就是对太子的态度。

公元1703年五月，康熙帝以"议论国事，结党妄行"的罪名，令宗人府监禁索额图。随后康熙帝又命逮捕索额图的儿子格尔芬与阿尔吉善，然后把这两个人交给他们的叔叔心裕和法保看管，并下令："若别生事端，心裕、法保当族诛！"朝中大臣麻尔图、邵甘、佟宝等人，也以党附之罪，被抓了起来。江潢以家藏有索额图的私书，"下刑部论死"。总之，只要与索额图稍有牵连者，都受到株连。

公元1707年，康熙帝第三次亲征噶尔丹，仍旧是太子胤礽留守北京。

这一次，胤禔等皇子向康熙帝打小报告，举报了太子若干不良行径。据胤禔说：

一、　太子动手打了平郡王讷尔素、见勒海善和镇国公普奇。

二、　太子命人夺走蒙古人进贡朝廷的马匹。

三、　太子放纵自己奶妈的丈夫，也就是时任内务府总管凌普勒索包衣下人。

康熙帝认为太子是越位行权，但议论以后，并没有处罚他。

公元1708年，康熙出去行围打猎。中途，8岁的皇十八子胤祄生病。康熙领太子胤礽一起去探视。康熙责备太子胤礽毫不关心弟弟的病。

队伍行进途中，康熙帝发现太子在夜晚靠近他的帐篷，从缝隙向里面窥视动静，开始怀疑太子可能要对自己不利。这件事显然对康熙帝刺激很大，他开始下决心要废掉太子。

当年9月，康熙帝在布尔哈苏台继续打猎，太子胤礽与皇长子胤禔都跟随在他左右。

9月16日，康熙回到北京。下令在皇帝养马的上驷院旁设帐篷，给胤礽居住。又命胤禛和胤禔共同看守。当天，康熙帝召集诸臣于午门内，当众宣布太子的罪状，他边哭边说，说完的时候已经崩溃，跌倒在地上。

然后下诏书：

朕承太祖、太宗、世祖弘业、四十八年于兹。兢兢业业，轸恤

臣工、惠养百姓，惟以治安天下为务。今观胤 　，不法祖德、不遵
朕训，惟肆恶虐众、暴戾淫乱，难出诸口，朕包容二十年矣，乃其
恶愈张，僇辱在廷诸王贝勒、大臣、官员、专擅威权、鸠聚党与、
窥伺朕躬起居动作，无不探听。

朕思国惟一主，胤 　何得将诸王、贝勒、大臣、官员、任意凌
虐、恣行捶挞耶？如平郡王讷尔素、贝勒海善、镇国公普奇俱被伊
殴打。大臣、官员，以至兵丁，鲜不遭其荼毒。朕深悉此情。因诸
臣有言及伊之行事者、伊即仇视其人，横加鞭笞。故，朕未将伊之
行事，一一询及于诸臣。

朕巡幸陕西、江南、浙江等处，或驻庐舍，或御舟航，未尝跬
步妄出，未尝一事扰民。乃胤 　同伊属下人等、恣行乖戾。无所不
至、令朕赧于启齿。又遣使邀截外藩入贡之人，将进御马匹、任意
攘取，以至蒙古俱不心服。种种恶端、不可枚举。朕尚冀其悔过自
新、故隐忍优容至于今日。

又朕知胤 　赋性奢侈。著伊乳母之父凌普为内务府总管，俾伊
便于取用。孰意凌普，更为贪婪，致使包衣、下人，无不怨恨。朕
自胤 　幼时、谆谆教训，凡所用物、皆系庶民脂膏，应从节俭，乃
不遵朕言、穷奢极欲、逞其凶恶。

今更滋甚，有将朕诸子不遗噍类之势，十八阿哥患病，众皆以
朕年高，无不为朕忧虑。伊系亲兄，毫无友爱之意，因朕加责让
伊，反忿然发怒。更可异者，伊每夜逼近布城裂缝，向内窃视。从
前，索额图助伊潜谋大事，朕悉知其情，将索额图处死。今胤 　欲
为索额图复仇，结成党羽，令朕未卜今日被鸩？明日遇害？昼夜戒
慎不宁。似此之人，岂可付以祖宗弘业？且胤 　生而克母，此等之
人、古称不孝。

朕即位以来、诸事节俭。身御敝褥、足用布袜。胤 　所用、一

切远过于朕，伊犹以为不足。恣取国帑，干预政事，必致败坏我国家，戕贼我万民而后已。若以此不孝、不仁之人为君，其如祖业何？谕毕。

随后，又下一道诏书：

太祖、太宗、世祖之缔造勤劳，与朕治平之天下，断不可以付此人。俟回京，昭告于天地、宗庙、将胤礽废斥。朕前命直郡王胤禔、善护朕躬、并无欲立胤禔为皇太子之意。胤禔秉性躁急、愚顽，岂可立为皇太子？

其胤礽党羽、凡系畏威附合者，皆从宽不究外，将索额图之子格尔芬、阿尔吉善暨二格、苏尔特哈什太萨尔邦阿、俱立行正法。杜默臣、阿进泰、苏赫陈倪雅汉、著充发盛京。此事关系天下万民、甚属紧要。乘朕身体康健，定此大事。著将胤礽即行拘执。

尔诸王、大臣、官员、兵民等，以胤礽所行之事为虚为实、可各秉公陈奏。

太子胤礽当场被废，被幽禁在咸安宫。

当天，8岁的皇十八子胤祄夭折。

这时，皇长子胤禔向康熙帝建议："皇八子胤禩，有帝王之相，可以立为太子；皇上如果想杀胤礽，不必亲自动手，他愿意代劳。"

康熙听后勃然大怒，下令把胤禔关起来。

本来，在胤礽被废以后，康熙帝把内务府总管凌普撤职，抄家。然后任命皇八子胤禩代理内务府总管，对他比较信任。经胤禔这么一推荐，康熙帝对皇八子胤禩也开始心存戒心。

朝中大臣阿灵阿、鄂伦岱和镇国公普奇等人，以及皇九子胤禟、皇十子胤䄉和皇十四子胤禵原本是胤禩一党。看到胤禩开始代理内务府总管，都很高兴。因为内务府是清朝管理皇家大小事务的总机构，地位虽然说不上特别显赫，但是手握实权。

谁知还没高兴几天，康熙帝查出胤禩"柔奸性成，妄蓄大志，党羽相结，谋害胤礽"，下令免职入狱，然后把胤禩一党的镇国公普奇等人交议政王大臣审理。

经议政王大臣审理以后，胤禩被革去贝勒的爵位，普奇也革去公爵的爵位。

不久，康熙帝恢复了胤禩的爵位。但皇长子胤禔一直被圈禁在家里，直到几十年后病死，再也没能出来。

眼看太子胤礽刚一被废，皇长子胤禔和皇八子胤禩就蠢蠢欲动，兴风作浪，康熙帝认为太子位的空缺造成朝局的动荡，他有意改变这种局面。就下令大臣们推荐太子人选，眼看皇长子胤禔已经倒台，原来支持他的大学士马齐和佟国维转而支持皇八子胤禩，在他们的授意下，大臣们一致推荐皇八子胤禩为太子。不久，康熙帝知道了这一边倒的真相，他痛责马齐和佟国维，也不承认推荐的结果，拒绝册立皇八子胤禩为太子。

稍后，康熙帝又得知皇长子胤禔曾经策划巫术，诅咒胤礽。他推测胤礽是被巫术蛊惑，以致神志不清，行为颠倒。

所以，第二年的三月初十，康熙重新立胤礽为太子。

但是胤礽过了三年多又出了纰漏。

公元1712年，康熙帝在南巡途中接到禀报，太子图谋不轨。说他准备强迫康熙帝禅位给自己。康熙帝听说以后大怒，立刻回到北京。

康熙帝回到北京的当天，立刻向众皇子宣布："皇太子胤礽自复立以来，狂疾未除，大失人心，祖宗弘业断不可托付此人。朕已奏闻皇太后，著将胤礽拘执看守。"再次废掉太子胤礽，并仍旧幽禁在咸安宫。

康熙帝说"胤礽仪表、学问、才技俱有可观，而行为乖谬，不仁不孝，非狂易而何"，又说："凡人幼时犹可教训，及长而诱于党类，便各有所为，不复能拘制矣。"

又一个三年过去了，胤礽在咸安宫中不甘寂寞，他用矾水给普奇写了一封密信，希望普奇能支持自己做大将军。结果，普奇再次被处罚。

胤礽从无间地狱跌进十八层地狱，永无出头之日了。

第四场　胤禛的复仇计划

公元1717年，大学士王掞、御史陈嘉猷等大臣上书朝廷，请康熙帝立太子。康熙帝没有答复。

公元1718年，翰林院检讨朱天保上书朝廷，请康熙帝考虑立胤礽为太子。康熙帝处死了朱天保，并认为朱天保等人是废太子一党，随后将这一党中的副都统戴保、侍郎朱都讷、副都统常赉和内阁学士金宝等人，枷首示众。

公元1721年，大学士王掞和御史陶彝等十二位大臣上书朝廷，请康熙帝立太子。康熙将陶彝充军。王掞年纪太大了，康熙帝罚王掞的一个儿子代替他充军。

公元1722年12月20日，康熙帝驾崩于北京畅春园清溪书屋。他终年69岁，共在位61年零十个月。

康熙帝留下遗诏，这封遗诏用满、汉、蒙三种文字并列写成，说："皇四子胤禛，人品贵重，深肖朕躬，必能克承大统，著继朕登基即皇帝位，即遵典制持服。二十七日释服，布告中外，咸使闻知。"

这真是个不可思议的选择，以致后来有种种传说。

废太子还活着，因为屡次犯错，所以不立他为储君，这个可以理解。但为什么选择皇四子胤禛呢？胤禛此人，非常勤奋，非常能干，但是也非常固执，非常刻薄。如立长子，可以选择皇长子胤禔，即便是因为皇长子犯了错误，被监禁起来，也可以选择皇三子胤祉。如立个受大臣们拥戴的皇子，可以选择皇八子胤祀，完全可以保证朝局的稳定过渡。

一切如果都是没有意义的，事实是胤禛继承皇位，次年改年号为雍正，这就是清世宗。

胤禛原先是太子党，太子被废以后十分孤立，只与皇十三子胤祥关系密切，和朝中大臣，其余诸位皇子都没什么来往。因此，他登基以后，先以稳定人心为主。

先封胤礽的儿子弘晳为多罗理郡王。而后，他重用大臣们非常推崇的皇八子胤禩，封他为和硕廉亲王兼理藩院尚书，由胤禩、和硕怡亲王皇十三子胤祥及大学士马齐，组成一个小内阁。

此时，由于噶尔丹的侄子策妄阿那布坦攻占西藏，抚远大将军皇十四子胤禵正率军驻扎西宁，准备进攻策妄阿那布坦。雍正命令他马上回北京奔丧。

胤禵回来以后，立刻被剥夺兵权，被安排到康熙帝在遵化的景陵旁居住。

雍正帝在准备解决朝中各党派之前，现场发布了一篇《朋党论》，他首先指桑骂槐地骂了一通在野党，雍正帝是这么说的："雍正二年七月十六，谕诸王、贝勒、公、满汉文武大臣官员等。朕即位后、于初御门听政日。即面谕诸王文武大臣。谆谆以朋党为戒。今一年以来。此风犹未尽除。圣祖仁皇帝亦时以朋党训诫廷臣。俱不能仰体圣心。每分别门户。彼此倾陷。分为两三党。各有私人。一时无知之流。不入于此。即入于彼。朕在藩邸时、敬慎独立。深以朋党为戒。从不示恩。亦无结怨。……尔等当上念朝廷任用之恩下为身家子孙之计。各勉之慎之。"

雍正帝此人非常自信，他非常喜欢公开论述自己的思想。在批阅大臣的奏折时也是如此，他做了十三年皇帝，在奏折上的批语超过千万字，一点小事也会引起他指东打西地议论一番。

这在历代帝王中非常罕见，比如他的儿子乾隆帝一般就批三个字"知道了"。

雍正帝的朱批则非常有趣，很有微博体的范儿。

比如他批齐苏勒关于修河工程的奏折，说："此段河工，朕未获亲履其地，今向卿等论方略，可谓班门弄斧也。览奏朕实抱惭。又如批陈时夏折：灯下草笔，莫哂字丑文拙也。"

批田文镜的奏折："不过叫你知道你主子为人居心，真正明镜铁汉，越发勉力小心就是了。你若信得过自己，放心又放心，就是金刚不能撼动朕丝毫，妖怪不能惑朕一点。你自己若不是了，就是佛爷也救不下你来，勉为之。朕待你的恩，细细的想全朕用你脸，要紧！要紧！"

批江宁织造曹頫（有红学家认为曹頫是曹雪芹的父亲）的奏折，曹頫奏折写道"江宁织造奴才曹頫跪奏：恭请万岁圣安。"这就引发了雍正帝的大议论，他朱批道："朕安。你是奉旨交与怡亲王传奏你的事的，诸事听王子教导而行。你若自己不为非，诸事王子照看得你来，你若作不法，凭谁不能与你作福。不要乱跑门路，瞎费心思力量买祸受。除怡亲王之外，竟可不用再求一人托累自己。为什么不拣省事有益的做，做费事有害的事？因你们向来混账风俗贯了，恐人指称朕意撞你，若不懂不解，错会朕意，故特谕你。若有人恐吓诈你，不妨你就求问怡亲王，况王子甚疼怜你，所以朕将你交与王子。主意要拿定，少乱一点。坏朕声名，朕就要重重处分，王子也救你不下了。特谕。"

雍正帝留下的各种文字对于阅读历史的人是件大好事，对于剖析这个人的性格和逻辑方法都有很大的帮助。

雍正帝御制的《朋党论》的关键内容如下：

朕惟天尊地卑。而君臣之分定。为人臣者、义当惟知有君。惟知有君则其情固结不可解。而能与君同好恶夫是之谓一德一心而上下交。乃有心怀二三、不能与君同好恶。以至于上下之情暌。而尊卑之分逆。则皆朋党之习为之害也。夫人君之好恶、惟求其至公而已矣。凡用舍进退、孰不以其为贤而进之。以其不贤而退之。或恐其所见之未尽当也。故虚其心以博稽众论。然必众论尽归于至正、而人君从之方合于大公。若朋党之徒。挟偏私以惑主听。而人君或误用之则是以至公之心、反成其为至私之事矣。孟子论国君之进贤退不肖。

……

亦小人之道耳。自有此论、而小人之为朋者。皆得假同道之名、以济其同利之实。朕以为君子无朋。惟小人则有之。

雍正帝把治理朋党的精神传达下去以后，开始动手清理持不同政见者。

皇八子胤禩一党的皇九子胤禟，被雍正帝派往西宁前线，但没有安排任何职务，形同充军。三年后，胤禟在西宁被捕，罪名是有人称他为"九王爷"。随后，雍正帝下圣旨将他改名为"塞思黑"（满语，讨厌）。胤禟被押解回京，暴死了途中。

皇八子胤禩一党的皇十子胤䄉，时任正黄旗满、蒙、汉三军总管。雍正帝派他护送活佛哲卜尊丹巴一世的灵龛到喀尔喀去。还没等胤䄉完成任务，正在途中的他被雍正帝命令在张家口暂住。

一年以后，雍正帝免去年羹尧的抚远大将军之职，降为杭州将军。

而后，年羹尧的哥哥年希尧被抓捕入狱，雍正帝在年羹尧的走着上亲笔朱批："图理琛是在广东拿住你哥哥的人，叫他来拿拿你看！"

不久，年羹尧被抓到北京，赐死。

鉴于康熙帝晚年皇子夺嫡之争互相倾轧前车之鉴。雍正帝建立了秘密选储制度，即皇帝在位时不公开宣布继承人，而是将写有继承人名单诏书一式两份，分别置放在乾清宫"正大光明"匾额的后面和皇帝的身边。待皇帝驾崩后，宣诏大臣共同宣读传位诏书，确立新的天子。

雍正十三年（1735年）八月二十三日，雍正皇帝在圆明园中猝然去世。

他留下的遗诏中说明了秘密建储的经过："宝亲王皇四子弘历，秉性仁慈，居心孝友，圣祖皇考于诸孙之中，最为钟爱，抚养宫中，恩逾常格，雍正元年八月朕于乾清宫召诸王、满汉大臣入见，面谕以建储一事，亲书谕旨，加以密封，收藏于乾清宫最高之处，即立弘历为皇太子之旨也。其后仍封亲王者，盖令备位藩封，谙习政事，以增广识见，今既遭大事，著继朕登极，即皇帝位。"

随后，弘历登基即皇帝位，这就是清高宗，次年改年号为乾隆。

自乾隆帝开始，都采用了雍正帝发明的秘密建储制度，雍正帝这个天才的方法，降低了皇子夺嫡之争的烈度。从此，再没有出现废太子的事件，也没有出现过新皇帝登基以后，立即动手清理竞争对手、处死兄弟子侄的事情。清朝皇族的平均寿命大大提高了。